幸
Toshiyuki Shiomi

本当は怖い
小学一年生

ポプラ新書
006

本当は怖い小学一年生／目次

イラストレーション　ヤギワタル
構成　佐藤俊郎

はじめに――「怖い」小学生が増えている

四月、真新しいランドセルを小さな背中に背負い、頬を紅潮させ、親に連れられて小学校の門をくぐる。「これからどんな楽しいことが待っているのかな」というワクワクした気持ち、緊張し、ぎこちない仕草で友達の待つ教室に入る。小学一年生はいつの時代もピカピカに輝いて、大人たちはみなすがすがしい気分になる。

ところが、小学校関係者にとってはあまり嬉しい季節ではない。

いざ授業が始まると、イスに座っていることができず、教室内を歩き回る子がいたり、配ったプリントを紙飛行機にして飛ばしたり、先生の話を無視して近くの友達にしゃべりかける。中には教室から廊下、校庭に飛び出して（脱走して）しまう子どももいる。そんなクラスがあちこちで見られる季節でもあるからだ。

この先生たちを悩ます問題は「小一プロブレム」と呼ばれ、一般には否定的に語られてきた。そして「今の子どもたちはしつけられていない」などのレッテルが貼られてきた。もう十数年以上経つのに状況は改善されていない。

どうして改善されないのか。それは、小一プロブレムのとらえ方に問題があるからではないか。小一プロブレムを、むしろ小学生による学校への「反抗」、既成の教育への未熟な「異議申し立て」としてとらえ、その背景や原因を探ってみようというのが本書である。

生徒や学生が「反抗」するのは先例がある。一九六〇年代の学生運動、七〇年代はじめの高校生の紛争、七〇年代末から八〇年代初頭にかけての中学生の「校内暴力」。そして、八〇年代中頃からは小学校高学年の子たちの「荒れ」が取り沙汰されるようになった。その流れにならっていえば、今は小学校の低学年の子どもたちが「反抗」していると見ることも可能だ。一九九五年以降の話だ。

新聞などのメディアはこれを「学級崩壊」として取り上げたが、その後問題が低年齢化し、とりわけ小学校入学直後の一年生の状況を指して、学校関係者が名づけたのが「小一プロブレム」である。そういう歴史的な流れに置いてみると、この問題が違って見えてくるかもしれない。

＊

授業が始まってもおしゃべりをやめず、「静かにしなさい」と注意しても聞く耳を持たない子どもがいる。時には「うるせぇーよ、バーカ」「オマエなんか死んじまえ」と乱暴な言葉が返ってくることさえある。

教師への反発心が生じると、「○○ちゃん、ちょっと先生のところに来てくれるかな」と呼んでも、いっこうに応じようとしなくなる。声を荒げても態度は変わらない。すると、教室の他の子どもたちも「あっ、先生の言うことを聞かなくてもいいんだ」と勝手なことをし始め、授業が成立しなくなる。

心配した親を集めた保護者会でその話をすると、「うちでは私の言うことをよく聞いています。それは先生の教え方がおかしいんじゃないですか？」と反論する母親たちもいる。

「うちの子からは、『先生は僕の言うことを聞いてくれない』と聞いています」

「風邪気味だったのに無理して遠足に連れて行ったようですね」と、逆に突き上げをくらうこともある。学校の先生たちからの「今の小学一年生は怖い」というぼやきが増えてきた所以《ゆえん》だ。

これに対してマスコミも学校関係者も、「授業時間中に、おとなしくイスに座っていることができない」「先生の話を聞いていることができない」子どもたちが増えてきたその背景や原因は、「家庭でのしつけができていない」とか、「幼稚園や保育所が子どもに我慢することや集団的な規律を学ばせていない」からではないかと問題を外に見出そうとしてきた。

果たして、そうなのだろうか？

そもそも子どもたちは三月まで、どんな日常を送っていただろう。幼稚園や保育所ではお散歩だったり部屋遊びだったりと、その子の興味、好奇心に応じて基本的には自由に遊びを楽しんでいたのだ。それが四月になったら急に座ることを要請され、一方的に話を聞くことを強制される。これ自体にどうも無理があるように思われる。

海外では徐々に机での勉強を体験させていく慣らしの期間を設けるところがあるが、日本ではほとんどそうした慣らし期間が設定されていない（第5章で詳述）。仮に、大人の言うことを聞いて、すぐに全員が静かに座っていられたら、どうだろう。むしろ、そちらのほうが気味が悪い。

＊

私は、小一プロブレムの問題は、教室のイスに座っていられない子どもたちの問題ではなく、そういった旧来の学びスタイルを今世紀になっても続けていることから起こる問題ではないか、と考えている。旧来の学びスタイルへ、無意識に、もしくは意識的に抵抗を示そうとする子どもたちからの「サイン」ではないか、と考えている。

多くの子どもたちは、小学一年生の授業を実際に受けて「ああ、楽しい」「面白い」と感じているだろうか。学びの喜びを感じているだろうか。アリの巣を発見して、時間を忘れてその場にしゃがみ込んでいたり、大好きな電車の絵を夢中で描いているような喜びを、小学校でも感じているだろうか。

もちろん「勉強」は必要だ。だが、子どもたちの中には（たとえ静かにイスに座り、先生の話をおとなしく聞けていても）、「学ぶということはじっとガマンして聞いていることなのだ」ととまどいを感じ、小さく失望し、やがて退屈でつまらないものだと感じるようになる子が大勢いるはずだ。

そこにはカリキュラムの内容や教え方など、さまざまな要因が考えられるが、もっと俯瞰《ふかん》的に見ると、子どもたちが時代のカナリアとなって、日本の教育の時代に合っていないところを明るみに出し、大人たちにイエローカードを突きつけているように映る。

＊

子どもたち一人ひとりは、本当はすごい能力を持っている。うまく育てて導くと、大人がびっくりするようなことをやってのける。大人たちが既成のルールや枠にはめようとせずに、各人の潜在能力を発揮する場を与えれば、驚くような才能が花開くはずだ。

教える側は子どもたちの言い分を聞き流すことなく、じっくりと耳を傾け、深く共鳴していくべきだ。子どもだと馬鹿にしていると、我々の世界を支えていく次の世代を育て損なうことにもなりかねないし、ひょっとすると歴史をつくり損ねるようなことになってしまうかもしれない。本当に「怖い」のは日本の教育のあり方かもしれないのだ。

本書では、学校というシステムがどのように生まれたか、本来の学びとはどうあるべきか、家庭や地域でできることは何かを論じ、二一世紀型の学校づくりに向けたさまざまな試みを紹介していきたい。学校制度や社会そのものの仕組みを変えるという大きな転換はもちろんだが、同時にちょっとしたアイデアや考え方、時間の使い方を変えるだけでも突破口は見つけられる。

二一世紀型の創出へ向けて、子どもたちの可能性、輝きを生かす方法を、この本でみなさんと一緒に考えていこうと思う。

第1章「自分が分からない」まま育つ怖さ

小一プロブレムは日本だけの事件？

四月。新入学の子どもを迎えた多くの小学校では、憂鬱《ゆううつ》なシーズンが始まる。なぜなら、小一プロブレムが本格化するのがこの月だからだ。学校関係者、とりわけ小学一年生を抱えた担任にとっては、子どもたちの「怖い」本性を知る「魔の月」でもある。

東京都教育委員会の調査によると、「不適応状況の発生」は四月が七一・八％でもっとも多く、ついで五月の一二・六％となっている。そして、調査の行われた一一月時点、五六・七％の学校がそうした事態が「現在おさまっていない」と答えている（「小学校第一学年の児童の適応状況調査」二〇一〇年度）。

授業中だというのに勝手に席を立ち、教室内を歩き回る子。教卓に背を向け、後ろに座った子とのお喋りをやめない子。先生が「さあ、授業中なので先生のほうに注目」といってもまったく改める気配がない子。そういう子の振る舞いを見て、クラスの中に同調する子が出てくるとやっかいだ。

ちなみに、世界の小学校でも今、日本と同じようなことが起こっているのかというと、どうやらそうでもないようだ。実際に小一プロブレムで見られるような、「授業中に子どもたちが座っていないで歩き回る」「勝手なことをして集団行動がとれない」といった報告は海外ではあまり聞かれない。

どうも日本特有の現象のようなのだ。

なぜ、日本の子どもたちだけに小一プロブレムが起こっているのだろうか？

そこにはいくつかの角度から検討しなければならないことがあるが、ひとつの問題として、未就学の時代に「自律的な秩序感」を育てられないまま小学校に入学する子どもたちが増えていることがあるように思う。

自律的な秩序感とは何か、またそれらを引き起こしているのは何か、本章ではまずこのことを考えていきたい。

子どもは過剰な指示を受けている

未就学時代の問題のひとつにあげられるのが、幼稚園や保育所の条件、特に子どもの受け入れ態勢だ。

日本の幼稚園は、平均して二〇〇～三〇〇人の園児を抱えている。保育所だと平均一〇〇人前後で、いずれも世界的に見るとかなり規模が大きい。国が定める規定によると、幼稚園では一人の先生が最大で三五名の子どもを、保育所でも四、五歳児は一人が三〇名を受け持つことになっている。保育所の場合は一クラスに二人の保育士をつける場合もあるが、幼稚園は原則一人が現状だ。

ところがヨーロッパでは、三歳以上であれば一人の先生が受け持つ子どもの数はせいぜい一五名くらい。ニュージーランドではひとつの保育所の全体定員数は五〇名以下になっている。一五人程度の規模だと、その集団は「大きな家族」のような感じになり、「さあ、みんなで散歩に行こうか」「みんなでこれをつくろうか」と呼びかけると、大きな声を出したり暴れだしたりする子もなく、みんなで分担しながらうまく行動する。

先生が「ああしなさい」「こうしなさい」と指示を出さなくても、子どもたちの間で一定の秩序ができあがる。というより、むしろ、子どもが自分たちで秩序をつくっていく。

「今は座ったほうがいいな」「自分だけ騒ぐと目立ってしまうな」「食事の時間だから静かに座るべきだな」と各人がその場の状況、仲間の様子、大人たちの対応を見ながら判断する。つまり、規律は大人たちから強制されるものでなく、子ども自身が日々の活動の中で発見しながら身につけていくものなのだ。

それに対して日本では、一人の先生がたくさんの子どもを見ないといけないので、「○○ちゃん、何しているの」「早く片付けてこっちに来なさい」と先生はしょっちゅう「指示」を出すことになる。言うことをすぐに聞かないと、声が大きくなる。ときには荒げるように声を出すこともある。

そもそも子どもたちに同じことを一斉にさせるということも、ヨーロッパなどではあまり見られない風景だ。

これを毎日続けると、子どものほうは「指示をされたら動けばいい」「指示されなければやらなくてもいい」というように適応してしまう。だから、「叱られたらやめればいい」「呼ばれるまでは遊んでおこう」と考えるようになる。

結果的には、幼稚園や保育所では自律的な秩序感が育ちにくくなり、無責任な行動が増えていく。

つまり、今のままの日本の幼稚園や保育所では、自己の内部から規律を求める自律的な秩序感が芽生えにくく、年齢にふさわしい秩序感が育ちにくいのだ。そしてそのまま小学校に入学してしまうため、小一プロブレムのようなことが起こりやすくなる。

子どもは本来、その場でどういうことが周囲から期待されているかをとっさに読み取る能力が高い。だが、大人たちによって常に指示されると、子どもたちはそうした生来の能力を使う機会を失っていく。

授業がつまらないから勝手に歩く

授業中に勝手に歩く子どもに対し、学校側は「問題児」の烙印《らくいん》を押して、「親のしつけがなっていない」「幼稚園・保育所での集団行動が身についていない」としがちだということは先に指摘した。

ただ「問題児」と呼ばれる子どもの中には、成績が優秀な子も含まれる。テストの点数はよい、しかし授業態度は目に余るものがある、という子もいるのだ。どうして、成績の優秀な子どもたちの中にも「いい子」が保てないケースが出てくるのだろうか。

これは学校で教わることの「中身」の問題だ。

かつては学校で先生が教えてくれることが一番新しい情報だったし、教科書は知らないこと、興味を誘う面白いことを教えてくれるものだった。ところが、今やそうした事情はあてはまらない。親のスマホを幼児までが使うようになるなど、「新しい」「未知の」情報を手にするツールはじつに多様になった。「新しい」「未知の」情報を伝えてくれるはずの教科書は、そのワン・オブ・ゼムに過ぎず、しかもあまり面白くない媒体になってしまっている。文化の伝達やインフォメーションシステムの大きな転換の中で、知識の習得を大きな課題としている学校は、その学びのあり方を根本から考え直さねばならなくなっている。

物事の変化に敏感で、かつ家庭で先走りの勉強を強いられている子どもたちからすれば、学校の勉強は退屈だ。「どうして学校ではじっと座っていなければいけないのだろう?」「こんな勉強、なんの役に立つんだろう?」と無意識に感じてもおかしくない。

定型的なカリキュラムの落とし穴

そもそも参加感のない、座らされているだけの授業は、今の子どもにとっては非常につまらないものだと思う。

たとえば小学校一年生の生活科の授業は、幼稚園や保育所でやった内容と近いことが多い。幼稚園や保育所では遊びをベースにしながら教えていくし、屋内にとどまらずに「あれを調べに行こう」「どこにあるか探しに行こう」「お店の人に聞きに行こう」と積極的に外へ出ていく。

しかし、小学校になると、そうした活動的で主体的な学びのスタイルが一挙に減ってしまう。「つまらない」と感じた子の中に、歩き回ったり、授業とは関係のないことをし始める子が出てくる。考えてみたら「まっとう」で「素直」

な反応かもしれない。

　学校というところは、教師たちが時代を読み、教育の意味をよく理解していて、新しい試みをすることにためらいがない、という三つの条件が揃わないと容易には変わらない場所だ。新しい可能性には未知のことが多く、未知のことを責任を持って教えるわけにはいかない――これが学校の持つ保守性の理由である。今のような時代には桎梏《しっこく》となってしまう。

　一方、幼稚園や保育所にはそうした定型的な方法がない。「幼稚園教育要領」や「保育所保育指針」に示された「ねらい」や「内容」はあるが、どう行うかには大きな自由度がある。だから幼稚園や保育所では、これまでも現場の先生たちが考え考えやってきた。

　たとえば、「春がやってきた。何を探しに行こうか？」と相談し、「ヨモギ団子を作るためにヨモギを探しに行こう」とアイデアを出し合って保育の中身を考えていく。常に子どもたちの主人公性を大切にし、その意欲を高めていくことをていねいに保障するように努め、どういう風にすると子どもたちが興味を持ってくれるか、楽しんでくれるかを考えながら動いていく。

そういった保育を受けてきた子どもたちの目には、小学校の授業が急に形式的で受け身になって、しかもじっとしていないといけないとなるので、「退屈だ」と映るのも当然だ。

親のレールがキレやすさをつくる

先に、問題行動を起こす子どもの中に、成績は優秀だが「いい子」が保てない子もいる、と述べた。

じつはかなり以前から、子どもたちの中に人間関係への気づかいが多く、ざっくばらんな付き合い方のうまくない子が増えてきたと言われてきた。そういう子の中には、「教育熱心」で子どもへの要求が高く、子どもの言い分をしっかり聞いてやることをあまりしない口うるさいお母さんがいることが多い。

母親の要求がきついと、子どもは日ごろから「今日はお母さんの機嫌がいいのかな?」「お父さんとケンカしているから、今は何も言わないほうがいいな」

と親の顔色や空気を読むことにエネルギーを使う。子ども同士の人間関係でも相手の気持ちへの気づかいが優先して、ざっくばらんな人間関係づくりが苦手になるという傾向が助長される。

幼児の中に「キレやすい子」がいるという報告を私が受けたのは、一九九五年、ある研究所の研究集会においてだった。「幼稚園で、理由もなくモノを投げたり、イスを倒したりする子どもたちが出てきている。何か不服なことがあると、すぐにキーッとなって、暴れて手がつけられない」というものだ。幼児に関してのこういう報告は、そのときが初めてだったように思う。

ここで「キレる」とされた幼児の多くが、じつは小学校のお受験組だった。そのストレスを幼稚園で発散していたようだった。

このように子どもに幼い頃からレールを敷き、そこをうまく走らせたいと願う親の願望は、八〇年代に広がった「早期教育」がひとつの発端だったと思う。

特に、ソニーの創業者の一人である井深大《いぶかまさる》氏が一九七一年に出版した『幼稚園では遅すぎる』（サンマーク出版）という本の与えた影響は大きく、〇～二歳の段階でできるだけ早く文字や数の学習を始めれば、頭が柔軟なときだから驚くほど早く吸収し、それだけ優秀な頭脳ができるはずという論理が広がった。

「知っている」のに「分からない」

しかしこの「早期教育」には、大きな落とし穴がある。本来「学び」とは、単に言葉の辞書的な意味（「語義」）を覚えるだけでなく、体験を通じて（媒体にして）その語義を一人称化し、「意味」を体得していくことを指している。四歳の子どもに「恋愛とは異性を恋すること」と教えても、恋愛体験がない以上、恋愛についての「私の意味」の世界はつくれない。

理解するには、語義だけでなく、その語義の表す内容についての「体験」が必要で、その体験によって語義に「感情」や「価値判断」をまぶして意味にしていかなくてはならない。人は、その言葉の一般的な語義で理解するのではなく、一人称化して「私」にとっての意味という層をつくって理解する。

つまり早期教育は、頭でっかちの「分かったつもり」人間を大量に生み出すことにつながり、子どもに「知っている」のに「分からない」分裂状態を強いていく。子どもたちは「知っている」のに「分からない」自分を責め、親に言われるがままに勉強する。無理な早期教育は、ある意味子どもを虐待《ぎゃくたい》していることにも近いと私は考えている。

現在は、かつて親にレールを敷かれて進まされた子どもたちが親世代の中心になってきた。自分が通ってきた道をモデルにするため、どうしても子どもに同じ道を歩ませがちになる。親のレールに「いい子」で応じる子どもたちは、かつてのように外で遊ぶ機会も少なく、ストレスやエネルギーをうまく発散できずに欲求不満をため込む。ちょっとしたことでもキレやすくなり、ともすればイジメっ子の側に立つことにもなる。

キレやすい子がクラスに一人でもいると、気分が同調しやすい他の何人かの子が「こういうことやってもいいんだ」と同じような行動を始める。教室が収拾のつかない状態に陥るのは、じつに簡単なのである。

問題行動と暴力行為

文部科学省が行っている子どもたちの問題行動調査によると、全国二万一七二一校の小学生が学校内外で起こした暴力行為は一年間で七一七五件に上っている（二〇一一年度）。これは前年度より八三件増えており、こうした調査を行って過去最多だ。二〇〇六年が三八〇三件だったので、五年間でおよそ一・九倍に膨れ上がったことにもなる。

内訳をみると、「生徒間暴力」が四四九八件、「器物損壊」が一三八一件、「対教員暴力」が一一三二件で、ほとんどが校内で起きている。加害児童数は六七九九人で、前年に比べると一六八人増え、そのうち警察による補導や児童自立支援施設への入所などの措置を受けたのは一五九人に及んだ。

一方、いじめの認知件数は三万三一二四件で、前年に比べると三七八五件減っているが、これはあくまでも学校側で認知されたものなので、実際には増えている可能性も否定できない。

こうした問題に対して文科省は、「心の専門家」として臨床心理士などをスクールカウンセラーとして学校に配置、対応を図ろうとしているが、人材不足や予算の関係ですべての学校が活用できている状況ではない。活用している場合も相談は週に平均一回、四~八時間といった具合で、子どもたちをていねいにケアする態勢にはとても至っていない。また、スクールカウンセラーと教職員との連携が不十分だったり、スクールカウンセラーの資質や経験にもばらつきがあったりといった問題点も浮上している。

「問題行動」という言い方は、あたかも子どもの側に問題があるというニュアンスだが、生徒同士の喧嘩や争いは彼らのイライラの表れだし、対教師の暴力は、教師の対応に納得がいかないという生徒がたくさんいるということを示唆しているにすぎない。暴力行為がいいといっているわけではもちろんないが、「問題行動」が増えているとしたら、それは学校が生徒の不満にうまく対応できていないことを示しているのではないか。

指示待ちの子ども、放任された子ども

遠足や林間学校など、課外授業の場面を思い描いてみてほしい。気持ちのよい風、にぎやかな歓声が森に響いてきそうだが、実際はどうだろう。

しばらく前には「わあ着いた!」「よし、ここにテントを張ろう」と一目散に外に飛び出していた子どもたちが、今は、「もう着いたの?」と自分では動こうとしなくなったという。

外に出ても自分から動き出す子が少ない。「何をしたらいいの?」「飯ごうすいさん、どうしたらいいの?」「ゲームないからつまらない」と、大人たちの指示がなければ動こうとしない。

自分たちで遊びを考えたり、率先して行動したりする自主性や主体性、遊ぼうという意欲、それに何かを企画する力が低下してきたのでないか、なんとかしなければと幼児教育関係者の間で盛んに議論が交わされたのが八〇年代であった。そこで打ち出されたのが、「遊びを中心とした総合的指導」、あるいは「環境による教育」だ。

自主性や主体性を一番に発揮し、また育《はぐく》むことにつながるのは「遊び」だ。だから保育の基本的な内容を遊びにおくように変更し、遊びを自分たちで上手に工夫して楽しませ、その中で自主性や意欲、企画力、社会性などを育てようとしたのだ。

ところが、現場ではそれまで集団を上手に動かせる先生がプロであり優秀とされてきたので、この新たな保育・教育方針は大きな混乱を招くことになる。「指導ではなく援助を、というけどどういうことを援助というの?」「『○○ちゃん、そんなことをしてはダメよ』って言っちゃあダメなんですって。それだと指導になるんですって」。こんなことがあちこちでマジメに議論されるようになった。

本来は環境を上手に工夫し、そこで子どもたちを自由に遊ばせて、その過程で自主性その他を育てる狙いだったはずが、ただ見守るだけの「放任」保育に陥るところも出てきた。

「子どもに指示をしない」ことを機械的に実践するとどうなるか。昼間、子どもが勝手に園の外に出て行くのも、柱をノコギリで切って遊ぶのも放任、という園さえ出てきた。そして一九九五年に小学校の学級崩壊が表面化した際、ある新聞が「学級崩壊の原因は幼児教育が放任型になり、子どもが我慢することや集団的規律を学べなくなったから」と報じた。

たしかに、一理あると思う。しかし幼児教育の混乱だけが要因かというと、そう単純ではない。地域での遊びがほぼ消滅し、早期教育が流行《はや》り、親のイライラや子どもの慢性的欲求不満が蓄積してきたという問題も重なっている。

特に考えてみたいのは、子どもたちの学びと生活のリアリティが大きく変容しているのに、大人社会が対応できていなかったという問題である。

「放牧」されて「秩序」を学ぶ

帰ってきたらカバンを玄関に放り出し、そのまま夕食まで行方知れず……。

「いったいどこまで行ってたの!」「宿題しないで遊んでばっかりで!」と子どもを怒鳴りつけられるお母さんは幸せだ。

戦後日本社会の都市化によって、子どもたちは最大の遊び場である「道ばた」や「原っぱ」を失った。ここには、別に遊具があるわけではない。学校が終わると、あるいは休みの日には必ず集まって、まず何をして遊ぶかを考えるところから子どもの時間は始まった。こうした原っぱや道端、河原、境内などの「近所」という地域社会の中で、子どもたちは自由に「放牧」されて育ってきた。

道に落ちているものを拾ってきて秘密基地をつくったり、隣町までみんなで遠征する冒険の計画を立てたり。木があれば、誰が一番最初にてっぺんまで登れるか競ったり、鬼ごっこに缶蹴りとさまざまな遊びを考えた。こうした遊びの中で知らず知らずのうちに工夫、企画力、率先力（リーダーシップ）、社会性、そして自主性などが芽生え、人間としての基礎力が育てられていたのだ。

子どもの「放牧」にはもうひとつ、幅のある異年齢の子どもが群れて遊ぶという特徴があった。

この群れはよくしたもので、年上のお兄ちゃんの言うことは聞かないといけないし、上の子は下の子の面倒を見たり、思いやったりしないといけない。子ども間の掟《おきて》は結構厳しいもので、こうした暗黙の掟を守れないと仲間に入れてもらえない集団であった。また次節で述べるように、子どもたちには親の手伝いや買い物、下の子の子守りなど、子どもなりの「仕事」がいくらでもあった。

少し前までの子どもたちは、こうした形で秩序感を自ら身につけ、規律とはどういうものか、なぜ道徳心が必要なのかを身体で覚えていった。つまり、子どもたちは大人に教わらなくても、自分たちだけで集団の中での行動の術《すべ》を習得できる場と機会を持っていたのだ。

やがて、街から原っぱが姿を消すとともに、八〇年代前半にファミコンが登場し、九〇年代に入るとインターネットも普及。並行してクーラーやヒーターも一般化した。核家族化で地域の連帯感が失われるなど、近所というコミュニティが崩壊したことも大きかった。すべての道路が舗装され、子どもが道端から追い出されるなど、子どもたちが安心して遊べる場所が瞬く間に街から姿を消した。今はむしろ不審者を用心して、子どもたちを外で勝手に遊ばせることも少ない。

現在、子どもたちは快適に温度調節された自分の部屋から出ることなくゲームに興じ、たまに外に出るときには塾や習い事の過密スケジュールに追われている。コンビニエンスストアの前にたむろするのは、ツッパリ中高生ではなく、小学生たちだったりする。

こうして近所でいろいろな年頃の子どもたちが群れて遊ぶという、古くからあった牧歌的な風景が日本全国で見られなくなった。それに並行して、子どもの手伝いの世界も消失していった。子どもたちは任されるという世界をなくし、「失業状態」にあると言ってよい。

生活力の乏しい子ども

バーチャルな世界には熱心に入り込むのに、現実の生活に色や動きを感じ取れない子どもも増えている。ゲームの世界の話にはやたらと熱心で、友達ともその領域では盛り上がるが、それ以外のことには無関心という子もいる。

他人任せで、生活を組み立てる力に乏しく、人間関係を築く力、外へ出て行こうとする力も弱い。そんな子どもたちの気になる点は、生活力の不足だ。

「ちょっとお醤油がないので、そこの酒屋さんで買ってきて」

こういう母親の声は以前、どこの家でもよく聞かれたものだ。買い物や家の手伝いを自分の子にさせることはじつは大切な教育だった。

用件を相手にきちんと伝える伝達力やコミュニケーション能力、他者とかかわるスキルが身につき、それによって社会性を育んできた。料理や掃除、洗濯といった家事の手伝いをさせることは、ものを大切にする態度を養うだけでなく、手先を器用にし、几帳面《きちょうめん》さや柔軟でしなやかな身体づくりにもつながった。

何より、手伝いは途中で放棄することが許されないので、我慢することや粘り強さ、そして責任感を覚えることができた。

いわば、生きていく上で欠かせない「生活力」を伸ばせたわけだ。

教育とは、もともと人間を育てることで、その中心は「生きる力」や「生活力」を育てることだ。速く計算ができるようになったり、歴史的人物をたくさん記憶することはあとからつけ加えられた教育テーマで、それは生活力をきちんと身につけることを前提として考えられたことだった。

よく「家庭教育力の低下」と言われるが、かつての親たちは特別の教育的努力をしていたわけではない。「きれいにジャガイモの皮をむいておいてね」と言われて子どもがていねいにむく努力をし、その過程で「ていねいさ」とはどういうことかを知る。「すごい、きれいにむけたね」とほめられることで、努力が報われること、達成感や満足感を体感する。また包丁を扱うことで、用心しないと指を切ったりすることも学ぶ。同時に、切れば痛い思いもし、当然、その包丁で他人を傷つけることは相手に痛い思いをさせること、やってはいけないことだと実感できた。生活が「具体的」で、豊かなアクチュアリティ、現実感があった。

ところが、現在の日本の生活ではそうした具体性やアクチュアリティがどんどんなくなり、何事も抽象化されるという方向に進んでいる。今はむしろ、実体験を伴わないバーチャルな事やもののほうが多いぐらいだ。親が子どもに手伝わせる仕事もほぼ消滅し、親自身もコンビニ世代となって「わざわざつくらずに買ってくればいい」が当たり前となっている。

たまに買い物に行ったとしても、コンビニではかつて近所にあった八百屋や酒屋のおじさんを相手にするように、挨拶をきちんと交わし、用件をじかに伝える必要がない。互いに無言のまま用が足りるような状況で、生活の中で社会性が養われることも期待できなくなった。

こうした状況にあることに親が自覚的でないと、生活力は養われるどころか、さらに低下の道を辿りかねない。

「どうせ自分なんか」が口癖の子

小学生のお子さんを持つお母さんから、子どもたちの気になるセリフとして必要以上に自分を卑下《ひげ》することが多くなっていると聞く。

「片付けなさい」「いい加減にテレビを消しなさい」などと叱ると、次第に言うことを聞かなくなってくるだけでなく、捨てゼリフ的に「どうせ自分なんか」「他の子が子どもだったらよかったね」などと言うことがあるという。親の文句に対してキレやすい子、と片付けることもできるが、子どもたちの心の中から生活そのものへの倦怠《けんたい》感のようなものが伝わってくるかのようだ。

たしかに現代は、生きづらさを感じさせる世の中だ。世界に広がる不況感、地球環境問題の深刻化。国際テロやクーデターの勃発、そして国内の原発問題。問題と思えるものをあげていくと枚挙にいとまがない。

こうなると「未来はなんとかなる」という希望的な気分がどうにも生まれにくい。家庭や学校、親や先生が蔓延《まんえん》する不安から子どもたちを守らなければいけないのだが、なかなかうまくいかない。

大人たち自身に打つ手が見つからず、慌てているのだ。子どもたちの気持ちを感じ取って、というところまで意識がいかない。家でも親同士の楽しい会話が少なくなり、笑いはテレビのバラエティ番組を見ているときだけ、そんな家族が増えていないか。子どもたちは親の顔色を見ながら、自分がこれから入ることになる社会がどんなものになるのか感じとろうとしているのだ。

もし何か相談しようと思っても、相談に乗ってくれるというよりは決まった意見を押しつけられるだけ。あるいは、「あとにして」「今は忙しいの」「あなたもこれから塾でしょ、早く行ってらっしゃい」と返されるばかりだとしたら、しっとりとした親子関係や家族の団欒《だんらん》はどんどんなくなっていく。こうした日常では、「生きているっていいな」といった感情は育まれにくい。

日本青少年研究所が二〇一〇年に日本、アメリカ、中国、韓国の四ヵ国の高校生に意識調査を行った（「高校生の心と体の健康に関する調査」）。「私は価値ある人間だと思う」という質問に対して、「全くそうだ」はアメリカで五七・二%。中国が四二・二%、韓国は二〇・二%と中国の半分だったが、日本はもっと低い七・五%。韓国の三分の一という結果だった。「私は自分に満足している」という問いでは、アメリカが四一・六%、中国が二一・九%。韓国の数字は一四・九%だったが、日本はたったの三・九%。「自分は優秀だと思う」に対しては、アメリカが五八・三%と過半数を越したのに対し、中国は二五・七%、韓国は一〇・三%、そして日本はまたしても最低の四・三%にとどまった。

日本の子どもたちは世界と比べると極端に自信がなく、自尊感情や自己肯定感が低くなっている。もともと「自信を持て」と育てる民族性が弱いので、多少低く出てくることは予想されたのだが、それでもこの差は大きい。

自信のない子はより低年齢化している。それが問題行動として現れたり、コミュニケーションの場でいびつな形になる前に、「どうせ私なんか」「私なんかいなくても」という小さなつぶやきになっている可能性がある。大人がきちんと受け止めなくてはならないことだと思う。

子ども扱いしなければ伸びる

子どもは、本当はすごい力や才能を秘めている。うまく導いていけば、まだ見えていない潜在能力を発揮して、大人がびっくりするようなことをやってのけるのが子どもだ。

二〇一〇年、アメリカのオーディション番組で準優勝したジャッキー・エヴァンコは当時一〇歳だった。絶対音感があると言われる彼女は幼い頃に「オペラ座の怪人」を観て感動し、それから歌うことに目覚めたという。両親は特別の教育をしたわけでなく、オペラのCDを聞かせ続けただけと謙遜《けんそん》しているが、ともかく一〇歳で一流のプロ歌手と遜色ないレベルまで到達した。周囲を感動させ、子どもでも才能と伸ばし方次第でここまでできることを教えてくれた。

日本にもいる。ピアニストの牛田智大《ともはる》君は一二歳でクラシックのアルバムをリリースした。一二歳でアルバムを出せるのは世界でもまれだろう。また、沖縄では小学生の塚本真依さんが夏休みの自由研究でオオゴマダラチョウの生態を調べ、その三年間の観察記録を一冊の本にまとめている(『オオゴマダラ　わたしのチョウ日記』アドバイザー)。

時代を遡《さかのぼ》れば、こうした子どもはたくさんいた。モーツァルトは五歳でもう作曲をした。

これは、子どもが大人の「職人文化」の世界と早くから触れ合い、そこで腕を磨くことができたからだ。職人文化には大人と子どもの区別はない。親が職人だったり、家内工業的な物づくりをしている家では、子どもが手伝わないと家の仕事は成り立たなかった。最初は周辺の仕事から入るのだが、中にはそれに強い興味を持って、どんどん伸びていく子が出てくる。

大人が手本を見せ、それを見よう見まねで子どもが自らの技術にする。いつの間にか大人も驚くような技を覚え、大人顔負けのものを作り上げる。

しかし学校の制度化が進むと、「小一ならこの程度できればいい」と逆に子どもに「枠はめ」をするようになる。たとえば配った算数の宿題プリント一ヵ月分を一日で全部やってしまった子を、先生は「だめじゃない、これは一日一枚やっていくものなの」と逆に諭してしまう。「そうか、簡単だったね！　じゃ、もっと難しいプリントをやってみる？」とはいかないのだ。

その子が将来、数学の天才になるかもしれないと思わず、その子の力を伸ばしてやろうという算段もしない。下手にその子を励ますと、その子だけ依怙《えこ》贔屓《ひいき》していると他の親から文句を言われ、みんな横並びのほうが教えやすいと考えてしまう。こうして子どもが持っている類《たぐい》まれな理解力や探求心、それに行動力といったものは、往々にして学校化された子ども観、能力観の中で押しとどめられてしまう。

考えてみれば、とてももったいない話ではないか。後述するが、日本も面白い才能を持っている子をどんどん伸ばしていけるような教育システムに変えていくべきだろう。

「無垢」とは、己を知るための準備

「子どもは無垢な存在だ」と言われる。世の中の穢《けが》れや汚れに染まっていない存在という意味で使われることが多いが、私は別の意味合いでこの言葉をとらえている。

子どもの心には、生まれてしばらく「よい」と「わるい」という判断基準がない。最初にあるのは「面白そう」とか「恐そう」とか「なんだろう?」といった自分自身の生命活動の内側から生まれる行動基準だ。

だが、この行動基準だけでは社会生活が送れない。たとえば信号は赤だったら渡ってはいけないし、他人のものは盗んではいけない。世の中には、やって

「よい」ことと「わるい」ことといった社会的な行動基準の枠があることを大人から学び、従うと評価され、従わないと叱られて身につけていく。

しかしその外からの基準枠は、往々にして子どもの好奇心や探究心の発現を妨げてしまう。社会的な行動基準は、基本的に制止型の枠づけだからだ。人は幼い頃に自分の情動からの行動基準で行動することが多ければ多いほど、自主性や自尊感情、そして好奇心などが育ちやすくなる。逆に、社会的な行動基準枠が早くに子どもに入り込んでしまうと、そうしたものが伸びにくくなる。

後者は一般に「よい子」と言われる子だ。大人には扱いやすい存在なので、「よい子」をたくさん育てたくなるが、感性や気持ちで行動する部分を自分で制限し、大人が決めた「よい」か「わるい」かの判断部分を優先して成長することが多いため、自分の本当の興味や関心に基づいて行動することが苦手になりがちだ。

そのまま大きくなると、自分は何を求めて生きているのか、「自分でもよく分からない人間」になっていく。人生でもっとも大切な「己を知る」ことができきなくなってしまう。そして、その子が持っている個性的な部分を豊かに伸ばすことは難しくなる。

子どもの潜在的な可能性は「私はこれが好き」というこだわりを持てるかどうかで花開くものだ。そういう状態で行動できることを私は「無垢」と考えたい。無垢のままでいる時間をできるだけ長引かせ、自主性や自尊感情、好奇心を十分に育める環境におくこと。これが「子どもは無垢な存在」という言葉に込められたもうひとつの思いだと私は思っている。

そういう角度から見ると、学校はある意味、無垢な時間をなくす方向で教育を行ってきたし、今はこのことに自覚を持つべき時代になってきたと思う。子どもたちを子ども扱いせず、一人の才能を秘めた発達の豊かな「可能態」とみる。そして、なるべく長い時間、子どもたちが無垢でいられるような教育の場に変えていくべきだろう。

第2章 もっと怖い日本の母親たち

毎日学校に送り迎え

ある新聞に、公立小学校の一年生のクラスを担当した男性教師のエピソードが載っていた(「朝日新聞」二〇一〇年一一月一日付)。男児の一人がなかなか親離れせずに困っているという話だ。

教師の話によれば、毎朝お母さんが子どもを教室の前まで連れてくるが、母親の膝に抱きついて離れない。なんとか引き離して席に座らせても、「お母さん」と大声で泣き叫び、授業ができないという。

このように、「付き添いなしでは学校にいられない」という子どもの事例は他にも見られるようだ。入学時は普通に登校できていた子が、しばらくして送り迎えなしでは学校に行けなくなることもある。あるいは、授業中も母親の見守りがないと教室にいられないというケースもある。先生や友達とのやりとりなど、何かのきっかけで行きづらさを感じることもあるため、一概に「親離れができていないから」とは言えないが、学校という社会性を育てる場に、母親がたえずいなくてはならない状況は気の毒と言うしかない。

ここに、小・中学生の保護者を対象にした調査結果がある（ベネッセ教育研究開発センター「第四回子育て生活基本調査」）。一九九八年を初回として、以降二〇〇二年、〇七年、一一年と計四回の調査を経年分析し、子育て生活の実態やしつけ、教育に関する意識を比較しようというものだ。

そこで明らかになったのが、家庭の教育方針として「子どもに対する関与が強くなっている」ことだった。特に「子どもがすることを親が決めたり、手伝ったりすることがある」という問いに対して、「とてもあてはまる」「まああてはまる」と答えた人は、九八年には四六・九％だったのが、二〇一一年では六一・七％と大きく増加している。

さらに気になるのが、「家庭と学校の役割」に関する質問だ。

ここではいくつかの質問に対して、それは「どちらかというと家庭が教育する」か、「どちらかというと学校が教育する」「あえて教育しなくてよい」の答えを選ばせるのだが、「授業中騒いだり、立ち歩いたりしないこと」は九八年の二五・七％から一一年が五二・〇％、「友達とのつきあい方」についてでは六一・五％（九八年）から七一・七％（一一年）と、「家庭が教育する」という答えを選んだ保護者が増えている。

細かい数字は省くが、たとえば「学校の宿題を手伝う」「分からないところを教えてあげる」など、学習面でも子どもにかかわる親は増えている。

日本の子育てで親の関与が強いのはなぜか、関与せざるを得ない事情はどこにあるのか、この章では考えていきたい。

お母さんの前では「いい子」

今から二〇年ほど前、ちょうど小一プロブレムが関心を集める少し前、就学前の子どもたちに極端な早期教育が流行ったことがあった。その頃に制作された番組（NHK「ママ、私をどう育てたいのですか」）は、そうした早期教育の実態をさぐったものだった。

登場するのは早期教育優等生の子どもたちだったが、見ている側としては胸が痛くなるものだった。小学校高学年レベルの算数プリントを黙々とこなす幼児。ただ黙ってエンピツを動かしていくのだが、この子どもには表情というものがなかった。

学校から戻ると、分刻みのスケジュール表に沿って次々と親から与えられた課題をこなしていく女の子もいた。夜遅くまで習い事の連続で、それをこなすこと自体が生きがいになっているように見えて心苦しかった。番組スタッフにコメントを求められたのだが、この親たちを頭ごなしに批判する気にもなれず、ため息が出たことを思い出す。

これが「静」の異変というなら、「動」の異変も当時の幼稚園や保育所で起き始めていた。遊んでいるおもちゃを強引に奪い取ったり、ちょっとしたことで相手を小突いたり、押したり、暴力的な態度をとる。しかしそういう子でも、お母さんが迎えにくると「ママー」と突然、甘えた声を出す。そして「お利口だった?」「うん」という感じのやりとりを抜け目なくこなす、その豹変ぶりに周囲の大人たちは驚きを隠せなかった。

早期教育の無表情な子どものケースもそうだが、いずれもそこには子どもたちの過剰適応ぶりが伝わってくる。親の期待に過剰に応えようとして、自分を「殺す」。どこかでイライラしている子は、園でそのイライラを爆発させる。根っこは親との関係性なのだ。

「どうして叩いたらいけないんですか？」

学級崩壊、小一プロブレムが始まった頃、ある研究所が三歳児の母親を対象に「子どもへの体罰」についてのアンケート調査を行ったことがある。真正面から「あなたは子どもを叩いていますか」と聞いても正直に答えてもらえないので、他の項目をいろいろと質問した最後に、「子どもを叩くときにどこを叩きますか」と尋ねる形で質問は設定された。

すると、「やっぱり頭かしら」「私はときどき顔を叩く」「お尻が多いかな」などの答えが返ってきた。叩いていない人は「私は叩きません」と答えるだろうから、調査結果から推定するとなんと八五％が子どもを叩いているという結果が出てきた。調査結果の公表は、社会的な影響を懸念して控えられたが、日本の親子関係が追い詰められたものになっていることを示唆するデータであった。

体罰についての疑いはあったが、「ついカッとなってわが子を叩いてしまう」母親が思った以上にいることは、みんなに知っておいてもらいたいことだ。これに関連して私を驚かせたのは、このアンケート結果を伝えたある講演で、聴講していたお母さんから寄せられた感想文だった。

「どうして叩いてはいけないんですか？　子どもをしつけるのに、叩く以外に他に方法があるんですか？」

彼女はこう書いていたのだ。それも似たような意見は、ほかの母親からも複数寄せられた。

子どもをどう教育していいか分からず、孤独に苦しんでいる母親像が浮き彫りになった。

第１章でも述べたように、子どものしつけは本来親だけがするものではなかった。以前は地域に子どもを「放牧」することができ、異年齢の群れで社会のルールを学んだ。家の仕事を手伝うことで、がんばる気持ちや我慢する力を身につけた。

ところが、今はその双方が機能しなくなっている。「イクメン」などと呼ばれて、父親が育児に参加する家庭や場面が少しは増えているが、大多数の家ではお父さんは長時間労働や仕事上の付き合いで、子どもが起きている時間帯は不在がち。

お母さんは孤立無援の中、子どもを外で遊ばせることもできずに、狭い家の中で毎日毎日子どもと顔を突き合わせるようになる。そうなると、子どものペースで生活されたらたまらないと感じ、「何しているの」「いつまでかかっているの」「いい加減にしなさい」のガミガミがつい出てしまう。

どこかで「ほめて育てなさい」と聞いたことを思い出して、たまに言うことを聞くと「すごい、○○ちゃんは偉いね、いい子ね」とベタぼめをする。まさに過剰指示と過剰評価の繰り返しだ。

指示が多くなると、子どものほうも機嫌が悪くなり、余計に言うことを聞かなくなることが普通だ。そうして親はさらに厳しく声を荒げることになり、それでも聞かないとついカーッとなって手が出てしまう。一回叩いてしゅんとするとこの方法が習慣化し、やがて「この子は叩かないと言うことを聞かない」となっていくのだろう。それがさらにエスカレートすると、虐待となるのだろう。

これは別に、お母さんが悪いという話ではない。現代のような子育てにやさしくない環境で、それでもがんばって育てているお母さんは正直えらいと言いたい。たいていのお母さんは親としての練習は一切受けていないし、手助けもない。問題は、そのお母さんたちをサポートするシステムがまだ十分にできていないことだ。

こうして子どもたちは、怖いお母さんの前ではひたすら言うことをよく聞く、いい子になる。あるいは、親離れできない子どもになる。

満足できない、離れられない

いったい親たちはどうすれば子どもに満足できるのだろう。

国立女性教育会館が、国内外のお母さんに子どもの成長に対する満足度を調査したことがある（「家庭教育に関する国際比較調査」二〇〇四年・〇五年度）。〇～三歳の子どもを持つお母さんで「満足」と答えた母親がアメリカでは九四・四％、スウェーデン九三・九％、タイ八二・八％という回答だったのに対し、日本のお母さんは七二％と満足度がもっとも低かった。

満足度は子どもが成長していくにつれ下がっていき、子どもの年齢が一〇～一二歳になると、アメリカ、スウェーデン、タイの母親は八二～八五％に挽回する。しかし日本ではなんと四八・八％まで落ち込んでしまう。どうしてこれほど満足度が低いのか。

「やや満足」まで含めると、それなりに納得のいく数字になるのだが、無条件に「満足」という母親が半分以下しかいないのは、やはり気になる。そこには、日本のお母さんたちの「どうしてこんなに難しい時代に、子育てを私一人でやらなきゃいけないのよ」という、恨み節にも似た声が聞こえてくる。

いずれにしても、これだけ満足度が低ければ、わが子に対してどうしても注文や抑制が強くなるだろう。ガミガミうるさくなるわけである。

ちなみにモンスターペアレンツと言われる親と、このデータには直接の関係はない。モンスターペアレンツと呼ばれる親たちは、自分一人で一生懸命子育てをしてきたという思いが人一倍強いことが多い。周りに助けられながら育児をやってきたという実感や、他人に自分の悩みを打ち明けて励ましあってきたという体験があれば、他人への感謝の思いも生まれやすいが、そういう体験が弱いと自分ががんばらねば、となりがちだ。その裏返しが、わが子を大事にしてくれない人への抗議になる。

「風邪気味なのに、どうして遠足を強行したんですか？」「うちの子が帰ってきて、『今日、僕の言うことを先生が聞いてくれなかった』と聞きました。どうしてうちの子を無視するんですか？」と毎晩毎晩、担任に電話をかける親もいて、教師が追い詰められてしまう。

もっとざっくばらんに子どもと接し、子どもが多少失敗してもそれは経験だと思ってみる。自分一人だけで子育てをしようとは思わずに、周りの人に気軽に子どもを預けたり、逆に他人の子どもも預かる。周囲に助けてもらったという嬉しさを経験すると違ってくるし、他人の子どもを見ることで、これまで満足度が低かった自分の子どもがよく見えたりもする。子どもだって、母親との一対一の緊張関係から解放されて息抜きにもなる。

親同士が本音で話す機会を設け、親として育っていくチャンスをもっともっと増やしていくべきだろう。親として育っていくということの中には、自分もみんなに支えられて生きているのだということを実感できるということも含まれているのである。そうすれば「満足」の度合いも違ったモノサシで測ることができるかもしれない。

広がる家庭の経済格差

また、近年深刻化しているのは、家庭の経済格差の拡大という問題だ。

人間は人格如何にかかわらず、収入面で困窮してくると、日々の暮らしに精一杯となり、子どもにていねいに接することができず、不適切な対応が増えてくる。


小学校ではたとえば、生活苦などが原因で母親がうつの症状になり、子どもたちが放課後になると保健室に避難してくる事例がある。数日着たままなのだろう、服もあちこちが黒ずんで、食事も不規則、深夜まで起きているために保健室のベッドで眠りこけているという子どもが一人や二人ではない学校もある。

仕事の事情で夜遅くまで家を不在にせざるを得ず、子どもが深夜のコンビニでぽつんと親の帰りを待つ、という例もある。心配した大人が子どもに聞くと、平気な顔で「終電で帰ってくるから」と答えるが、時刻は真夜中を過ぎている。

貧困は、子どもの教育に十分なお金をかけられないということだけでなく、子どもに必要な精神的環境の劣化をきたし、精神面、学習面に負の影響を与えてしまう。成長してからも貧困状態を脱せられないという負のスパイラルが起こりやすくなる。

こうした状況を受け、国は二〇一三年六月に、子どもの将来が家庭の経済状態によって左右されることのない環境整備を目指した「子どもの貧困対策の推進に関する法律」を成立させている。法律では、国と自治体が協力して、教育の支援、生活支援、就労支援、経済的支援などの施策を策定し、実施することを義務づけ、また、内閣府に首相を会長とする「子どもの貧困対策会議」を設けて、検討することになっている。

しかし現実の経済政策は、依然、生産力の向上、競争力の強化等という二〇世紀型を脱していないし、賃金の安いアジア諸国との競争に対応するために非正規労働等を増大する方向に向いており、子どもや若者の貧困を克服する方向は開けていない。今は、さしあたり地域のコミュニティ機能を活性化し、貧困ゆえに社会の周辺にはじき飛ばされやすくなっている子どもたちに、ていねいで温かい支援を行っていくこと、そしてその上で、若者の就労支援、企業支援という動きを活性化し、その動きにつなげていくべきだろう。

遊びを知らない父親たち

いくら核家族化しても、父親が育児に参加していれば母親を孤立無援にすることはないはず。欧米では父親が積極的に育児に参加するように勧める改革が一九八〇年代に本格化し、現在までに相当進んでいるので母親の孤立感はかなり緩和されている。しかし、日本は状況がなかなか好転していない。

江戸の頃の文献を読むと、日本のお父さんはかなり育児に参加していたようだ。毎朝、子どもの世話をしたり、赤ちゃんのおむつを替えたりすることもお父さんが積極的にしていた。この流れは明治に入ってもしばらく続いたようだが、やがて猛スピードで近代化が始まり、工場や軍隊の担い手としてお父さんたちは駆り出されるようになる。

戦後の高度経済成長、バブル経済、バブルが崩壊してもお父さんたちの長時間労働は続き、今や先進国の中で日本は父親がもっとも家事と育児をしない国だと言われるようになってしまった。

たとえば、六歳未満の子どもを持つ父親の家事・育児を見ると（総務省「社会生活基本調査」ほか）、育児は〇・三三時間、その他の家事を合わせても平均一時間ぐらい。アメリカが三・一三時間、他の国もだいたい三時間前後で、日本のお父さんはその三分の一。つまり、残りの二時間分も日本のお母さんが受け持っているのだから、負担感はどうしても高くなる。二時間あれば、いつもより遠くに買い物に行ったり、気分転換することができるのだ。

日本で少子化が問題となりエンゼルプラン（少子化克服のための初めての国の計画）ができた九四年、週六〇時間以上働いている三〇代前半のお父さんは一八・九％だった。これはまずい、世のお父さんたちをもっと早く家に帰らせなければと言われたが、それから週六〇時間以上働いている父親が減ったかというと、二〇〇四年には二二・七％と増えてしまっている。不景気が長く続く中で、正規労働者が減り続け、条件の悪い中で長時間働くしかない人も増えている。正規雇用であっても、ブラック企業と言われる企業の中には深夜までの勤務を課しているところもある。

父親の育児参加が進まないことには、もうひとつ大きな要因がある。それは父親が子どもと遊ぶことを自分の自己実現のひとつだととらえられないことだ。お父さん自身が小さい頃ぞんぶんに遊べなくなった世代だし、そもそも自分の父親に遊んでもらった経験も少ない。だから、大半の父親は子どもとどうやって遊んでいいのかイメージが湧かない。

このあたりは日本の教育とも関係がある。テストで点数をとることはあれこれ訓練されるのだが、自分が好きなものを見つけ、その道を深めていくことが大切だという教育は受けてこなかった。もしそうした教育を受けていれば、大人になって仕事に就いても、仕事は自分の自己実現のひとつであり、それとは別に家族と一緒に自分のしたいことをやったり、仲間と趣味を楽しんだりといった自己実現の形があることが分かるはずだ。しかし、この後者のほうの教育はきわめて不十分なままである。

残念ながら日本の父親を取り巻く状況は厳しい。欧米では子どもができると

「さあ、一緒に遊べるぞ」と積極的に家事、育児に参加する人が増えている。こうした違いが、ますます日本のお母さんを追い込むことになっている。

お節介は子どものチャンスを奪う

日本の子育ての特徴を一言で言うと、善意で「お節介」をしすぎることだ。本来子どもが自分で試行錯誤しながらやるべきことを、失敗しないようにと先取りして親がやってしまう。失敗させまいとして、体験から学ぶチャンスを奪ってしまう。

以前主宰していた「赤ちゃん保育研究会」に、日本とフランスの保育を比較している先生がいて、その人が面白い報告をしてくれた。

日本の保育場面をビデオに撮って、それをフランスの保育者に観てもらってどういう意見が出るかを記録する。逆に、フランスの保育場面も撮影して日本の保育者に観てもらって意見を聞く。両者の意見を比較対照しながら、二つの国の保育に対する考え方の違いを浮き彫りにするという研究だ。

フランスの保育者に日本の○歳児の保育室を撮影した映像を観てもらったときのこと。映像では小さな赤ちゃんがハイハイしようとしていたが、最初だからうまくいかない。前に進もうとしても後ろに行ってしまったり、お尻をあげてもなかなか進まなかったり。赤ちゃんは不思議なもので、誰も「やれ」と言わないのに一生懸命にハイハイで動こうとする。お母さんもお父さんも家でハイハイをしているわけではないのだが、まさに生物学的な本能なのだろう。

映像では、たまたまその場にいた保育士がハイハイしようとする子に声をかけるシーンとなった。「○○ちゃん、ハイハイするの。わっ、じょうずじょうず。もうちょっと、もうちょっと、それがんばって、がんばって、じょうずー、わあ」

こうやって声をかけるのは日本では珍しい光景ではないが、それを見たフランスの保育士さんたちがザワザワし始めた。

「あの人はどうしてあんな大声を出しているのですか？」「赤ちゃんがハイハイしようとしているから応援してあげているのです」「なぜ、そんなことをするのですか？」「赤ちゃんががんばっているから思わず声が出てしまうんですよ」「どうして？　あんな大きな声を出して、わあわあ言ったら、あの赤ちゃんはあの保育士のところへ行かなければと思ってしまうじゃないですか」

そして、そのフランス人保育士は続けたそうだ。

「あの赤ちゃんは本当にあの保育士のところに行きたかったんですか？　どうして日本の育児は自分好みの行動をさせたがるのですか？」

フランスの保育は、子どもが遊んだり自発的な行為をしているときは見守りが中心だ。ハイハイしようが何をしようが、遠くから見守っている。そして、時々環境をつくり直して遊びやすくする。

「でも、小さな赤ちゃんががんばってハイハイをしようとしているとき、思わず声が出てしまうことはありませんか」と聞いてみると、「以前フランスでもそういう保育をしていたことがある。でも環境が変わり、自分の行動を自分で選んでいるという感覚を持ちにくくなっている今の子どもには、そういう保育をしてはいけない。それは自尊感情の育ちを阻害《そがい》する」という答えが返ってきたという。

なるほど、と納得した。子どもは自分の行動を自分で選ぶ。自分で嫌なときは嫌と言う、ほしいときはほしいと言う。これはときには大人の目にはわがままに映るかもしれないが、自分の気持ちを正直に表現している。そのことを保障されることによって、自分は自分の主人公だという感覚を手に入れていく。

自分の行動を決めている主人公が、じつは親の期待であったということが続くと、自尊感情がうまく育たなくなっていく。

「自己決定」の芽を摘み取る前に

日本人は子どもへの思い入れが非常に強いと言っていいのだと思う。子どもの気持ちを感じとるのが上手だから、つい「がんばりなさい」「こうやったら失敗するからこうしたほうがいい」と口を出してしまう。相手が幼児でも、小学生でも、あるいは社会人になっても続く傾向にある。

本章の冒頭で紹介した調査でも、親の関与はますます強くなっている。塾はどこに行くべきか、どういう友達と付き合うべきか、クラブ活動や習い事は何を選べばいいか、親の介入は果てしない。

学校から帰ってきたら、「今日、学校でどうだった？」と聞く親は多い。それに対して「別に……」と返ってくれば、「別にって、言うことが他にないの？」となんとか話を続けようとする。子どもとの会話を楽しみたいという思いは分からないでもないが、これでは会話ではなく尋問になってしまう。ここにも、子どもを自分の手のひらに載せておかないと不安という意識が垣間見える。

お節介を止めないでいると、子どもはいつの間にか「何をするか、どうするかは自分で決めるものじゃない、親が決めるものだ」と思い込む。自分が何を求めている人間なのか、何をやったときに自分らしいと感じる人間なのかを知るチャンスが徐々に減っていく。これは教育にとって、もっとも根本的な問題だ。子どもたちは任されれば十分に選ぶ力を持っていて、任されれば任されるほどその力が伸びていく。

子どもを愛するというのは、その意味でたやすいことではない。愛情の形を、子どもを信じて、できるだけ子どもに任せる方向に転化していくようにしたほうがよい。見守る、任せるというのはある種の我慢ではあるが、それがある時期から信頼と成長に形を変えていく。

情報化社会だからこそ、自主性を

幼稚園や保育所に行くと、壁に同じような絵ばかりが貼ってあることがある。思い思いの場所で思い思いの花を描いているのに、まるで同じような構図、形。それは、自主性を育てることを大切なテーマにしていない実践が陥る穴だ。

ある子どもに対して「○○ちゃん、きれいに描けたね」と先生が言えば、他の子も「ああいう風に描けばいいんだ」と思って、いつの間にかマネをしてしまう。子どもは敏感なので、どうしたら先生にほめられるか、受けがいいかを基準にして考えたり行動したりするようになってしまう。だからみんな似た絵になったり、同じような回答になる。しかし本来は子どもの数と同じだけの多様性があってよいはずだ。表現の仕方にこそ個性が現れるのだから。

家庭でも同じだろう。子どもが自分で考え、工夫しようとすることに対して、前もって「よい」「わるい」という評価や価値判断をしたり、別の子との比較をしたりせずに、「自分でやりたいようにやりなさい。一生懸命考えたり工夫したりしているあなたがステキよ」というメッセージをこそ伝えるべきだろう。

自分で考え、判断して行動できる子どもを育てるためには、普段の会話の中でできるだけ子どもに考えさせ、意見を言わせるようにすることも大切だ。少なくとも「何を馬鹿なことを言っているの」「子どものくせに生意気を言うんじゃない」と頭ごなしに批判してはいけない。「あなたの意見は分かるよ。でもそれだとこういう問題があるよ。どうしたらいいと思う?」と子どもと議論をし、子どもに考えさせ、最終的には子どもに決めさせる。

そうすれば、「どう考えたとしても、自分が一生懸命に考えたことは大事にされるんだ」との思いが残る。それが結果的には子どもの自尊感情や自己肯定感を育んでいく。自己を肯定できなければ、本当の自主性は育たないし、自分で自分らしく自分を伸ばそうとしていくこともできないものだ。

今のような情報化社会では、この自主性は生きていく際の最重要な基礎力だ。

情報があふれ、価値観も多様化する中、「自分で選択する」ことができないままでいると、Aの意見を聞けば「そうだ」と思い、さらにBの意見を聞けば「そのとおり」と思ってしまって、マスコミに上手に操作されても気がつかない人間になりかねない。

親たちは、「考える子ども」育てにこだわってほしい。

「知的体力」を育む環境づくり

一般的に学力というと「計算ができる」「漢字を知っている」「本の内容を読み取る力がある」などがイメージされる。これはこれで大事な知的能力だ。だが、こうした力はある程度の好奇心と反復練習を厭《いと》わない持続力があれば身についていくものだ。

それと並行して大切なのは、ちょっと疑問を感じたら、そのままにせず自分で調べ、何かを見つける力。そうした狭義の学力の土台となる知的な態度、比喩的に言うと「知的体力」ともいうべき力こそ、もう一方で育むべきものだと私は考える。

「知的体力」とは「隠れた学力」といってもよいものだが、普段の家庭の生活で育てなければならないもっとも大切なものだと思う。この力が十分育っていないのに読み書き・計算を先取りして教えようとすると、苦手科目の克服同様、勉強は「させられるもの」と思ってしまう可能性がある。

知的体力はさせられる勉強ではなく、その対極の「自分が知りたい」「調べたい」という自発的で自主的な心と身体の動きの中で育つ。では、どうすれば知的体力を育むことができるのか？

まず大切なことは、子どもが興味や関心を抱いたことをできるだけ尊重することだ。大人の価値観で「そんなものは役に立たない」とか「こういうものに興味を持て」などレールを敷きすぎないこと。むしろ「そういうものに興味があるのか」とおおらかに共感して応答することが必要だ。

たとえばホタル。「ホタルは幼虫も光るんだよ」「ホタルは飛び立ったら死ぬまで何も食べないんだって」「ホタルが光るのは交尾相手を探すためだそうだよ」など、ちょっとした知識を与えると、子どもは「へぇ〜」と関心を抱き、面白がるようになる。そこまで仕掛けておいて、あとは子どもが「ホタルを見に行こう」と言うのを待つ。子どもは敏感で、あるレベル以上に親が興味を持たせようとさせると、それを察知して乗ってこなくなる。自主性を育てるためには、そのさじ加減が重要なのだ。

子どもをお喋り好きにすることも大切だ。会話をする際に気をつけたいのは子ども扱いしないこと。「子どものくせに」という態度が見え見えだと、子どもは喋る気を失う。

私自身、この点で母親に感謝した経験がある。

小学校で先生が使った「ジョウリュウスイ」という言葉を、「ジョウリュウスイってきれいな水らしいけど、川の上流の水だからきれいなんやね」と母親に言ったところ、「あら、そう思ってたん。蒸留水っていうのは、一回炊いた湯気を集めた水のことを言うんやで。でも、たしかにジョウリュウスイやな。間違えるのは無理ないな」と応じてくれた。子ども心を傷つけまいとする親の心遣いは子どもに確実に伝わる。はるか昔の出来事だが、いまだに鮮明に覚えている。

四打数一安打の会話術

子どもの知的体力を伸ばす会話について、もう少し続けよう。ここにはルールがある。まず、子どもの話を「聞く」「共感する」。そして一緒に「考える」。そしてあなたならきっとできると言って「励ます」。この四つをきちんと励行するのが重要だ。

頭文字をとると、「ＫＫＫＨ」。これを野球風に解釈するとＫは三振、Ｈはヒットだから「四打数一安打」というわけだ。

まず、子どもの言い分を「聞く」「聞いてやる」。わがままなと思っても、ともかく何をしたいのか、何がイヤなのかなどを言わせ、しっかりと「聞く」。次に頭の中で「あーあ、そういうことか」と思っても、「……だからイヤだったの？　それは分かるけど……」と一回は「共感する」「分かってやる」。その上で親の要望も伝え、どうすればいいのか一緒に「考える」。この考える過程でも「聞く」「共感する」を繰り返す。そしてこうすれば双方がＯＫという内容を見出したら「あなたならできるよね」と「励ます」。こういう手順をていねいに辿るのだ。

会話のコツは、ふわっと受け止め吸収するスポンジの部分を増やすこと。それが四打数一安打のルールだ。これは別に親子の会話に限らず、夫婦や友達同士、会社の人間関係でも大事なものだろう。

子どもは自分の意見を聞いてもらえるし、頭ごなしに否定されないから、安心しながら一生懸命に考える。そのプロセスで、自分の考えの狭さや浅はかさに気づく。また会話のキャッチボールをする過程で、頭の中に論理的な思考が育っていく。

人間は、ちっぽけだけどすごい存在

本章の最後に、子どもが自然と触れ合う機会の重要性について述べたい。

かつて少年鑑別所で心理判定員をしていた心理学者から、問題行動を起こす子どもに共通しているのは、小学生くらいの年頃に満天の星を見て感動をした経験がないことだと聞いて深く考えさせられたことがある。

満天の星空を見上げて「宇宙に星はいくつあるのかな」「人間のような生物がいる星、他にあるだろうか」「今この瞬間、あの星はなくなっているかもしれない」「宇宙に果てはあるのかな」などと、人間の想像力をフル回転させながら、まるで宇宙に吸い込まれるような感覚でいろいろなことを考えるうちに、「人間は、ちっぽけだけどすごい存在だ」と感じとる。

満天の星と対話するうちに、空間の有限性や無限性、さらには自分の心の中の座標軸がつくられていくのかもしれない。そうしてこの宇宙、地球に生まれたこの生命、この自分はどのように生きていくのかを考える座標軸ができていくのだろう。

子どもだけでなく、親たちも一緒にそういう時間を過ごしてほしい。

悠久の自然のような、日常を超えた世界と出会うことで、人間の内面にある種の世界観をつくることができるというのは不思議といえば不思議なことだ。古来から外的宇宙（マクロコスモス）は人間の内的宇宙（ミクロコスモス）と同型だと言われてきたのも、なるほどと思う。

第3章

怖い小学生をつくった日本の学校

かつては「すごい」先生がいた

第1章では小一プロブレムの現状と、子どもたちが通う今の学校が時代に合わなくなっていることに触れたが、なぜこのようなズレが生じてきたかを理解するには、教育というものの歴史を少し遡《さかのぼ》ってみる必要があるだろう。

そもそも教育という営みは、今のように学校という場に集い、一人の先生が何人もの生徒に同時に「教える」という形で始まったわけではない。

もっとも古い教育のひとつは宗教であろう。たとえばキリスト教。「イエスというすごい人がいる」と噂を聞きつけて集まってきた弟子たちが、イエス亡きあと、彼の語った言葉を思い出しながら物語にした。イエス自身は一字も文章を書き残していないが、その教えを広げるために弟子たちは教団をつくり、さらに信徒たちを教育するために教科書としての『聖書』を普及させた。

一方、中国では孔子を師と崇《あが》めた弟子たちが孔子の話をまとめ、アジアで一番読まれてきた教科書『論語』をつくった。古代のギリシアでは哲学者ソクラテスにプラトンが師事し、ソクラテスが毒を飲んで死んだあと、彼の言葉を対話風の本にした。ソクラテスもじつは一字も書いていない。

日本でも、道元が語ったことを弟子の懐奘《えじょう》が本（『正法眼蔵随聞記』）にしているし、『風姿花伝』では世阿弥が父親の観阿弥の語ったことをまとめている。弟子をどうやって育てるか、スランプはどうやったら乗り越えられるかということまで書かれた、ていねいな教育論だ。

まず最初にすごい先生の存在があり、その人に習いたいという人が弟子となって集まったときに教育が発生した。この事情は、芸術でも職人の世界でも同じである。「この人に習いたい」と思える先生を見つけ、その先生を崇ってお願いして師弟関係を結んだ。これが古来の典型的な教育モデルであった。イタリアのボローニャで始まった「大学」も、じつは同じ形をとっている。学生が学びたい先生を呼び、雇ったのだ。

先生の側もその人を弟子とするかどうか選択する権利があるし、お願いをするほうにも選ぶ権利というものがあった。互いに契約的な関係を結んだわけだ。

「技は盗め」がプロフェッショナル

このことは職人に弟子入りするときも同じようにあてはまる。古くから工房では一番優れていたのが「親方」。その分野ではピカイチの腕を持ち、豊富な知識を持っていた。親方はその分野のプロであり、教える中身のプロだった。ただ、教え方はそんなに上手ではないことも多かった。

だから、「技は盗め」と言ったのだろう、周辺的な仕事を少しずつこなしながら、親方の背中を見て弟子たちは覚えていったのだ。

江戸時代に発達した手習い塾や手習い所、お寺がやっていた寺子屋も、そうした古来の教育モデルを継承している。先生は寺子屋だとお坊さんだし、手習い塾や手習い所は食い扶持《ぶち》の少ない下級武士や、田舎に行けば豪農たちが教えていた。

正確なところは分からないが、江戸時代後期にはそうした庶民の教育機関が一万五〇〇〇ヵ所以上あったと言われる。人口規模が異なるので単純には勘算できないが、相当濃密に存在していたことになる。

おそらく江戸の末期、日本の子どもたちの読み書き能力は相当あったと思われ、特に男子は世界で一番読み書き能力が高かったのではないかとも言われる。教育好きの民族なのだ。

学びの始まりは手紙を書くことから

江戸時代末期の手習い所や寺子屋では、だいたい朝八時ぐらいに子どもが勉強に来た。どういう勉強の仕方をしたかというと、それぞれ最初は手習い。要するに習字なのだが、字を覚えると同時に教科書の中身を覚えていく。

「お前の親の仕事はなんだ？」「農業です」「じゃあ、『百姓往来』をやるか」「お前はまだ小さいから『実語教』がいいかな」「お前は家が商売をやっているから『商売往来』にしよう」「女の子だから『女大学』をやろう」などと、一人ひとり、習うテキストを先生と相談して選ぶ。そのテキストの中に、その子の将来に役立つ知識が入っていた。

「往来」というのは手紙という意味だ。手紙を書けるようになることが最低限必要だということで、手紙の形式をした書物、つまり往来物が教科書としてよく使われた。この往来物は種類にして七〇〇〇種も見つかっているという。画一的な教育を一斉に行うという発想は、少なくとも江戸時代にはなかった。

手習い所に朝来ると、自分で勝手に場所を決め、机を持ってきて習字を始める。昔の資料などを見ると、現在の教室のような教卓のほうを一斉に向いて、という並び方を子どもたちはしていない。それぞれが好き勝手に机を配置し、習字をし、書き終わったものを師匠のところへ持っていく。

「お前、この意味分かっているか?」「分かりません」「これはね……」と書き写したテキストについての説明がなされる。手習いのあとは「次はそろばんをやろう。ご破算で願いましては、三銭なり、五銭なり」などと続く。

当時は月謝制だったようだが、お金の代わりに大根を持っていったという記録も残っているので、ずいぶんのんびりしていたようだ。

明治期以降の強制教育

しかし明治維新のあと、学びの場の様相はがらっと変わる。

近代的な国家づくりを始めようとしたとき、明治政府は日本にないものがたくさんあることに気がついた。近代的な民主主義の思想も人権思想もなかった。産業も含めて何もかもが西欧に遅れている。日本の近代教育は、足りないもの、欠けているものが多くあるという意識と、早く西欧に追いつかなければという強いコンプレックスの中から出発した。

しかし、こうした「ない」というところから始まる発想は、前を見て西欧モデルに追いつくことだけが課題になるので、日本にこれまであった伝統などは古いものとして排除されてしまう。神道を復活させるために廃仏毀釈《はいぶつきしゃく》（多くの仏寺院の破壊）をしたことやお城を壊したことなど、今考えたらじつに無念なことをたくさんやってしまった。これは当時の社会事情を考えれば仕方なかったのかもしれないが、出発点での強いコンプレックスは、その後の歴史で過去と今をつないでいく点で大きな課題を残していく。連綿と続いてきた庶民文化が洗練され、引き継がれていく道も途切れてしまった。

当然、教育も「近代国家の国民」を育てるものに一変する。新しい国家をつくるにはその担い手を育てなければならない。その国の一員であるという自覚を持たせ、愛国心を育てなければならない。近代国家設立と国民を育てるというのが、どこの国でもセットとなった。

世界のおもな国々で義務教育制度が始まったのは一八七〇年代。日本も七二年と早い時期に義務教育を導入し、近代的な学校制度を出発させた。義務教育は英語でcompulsory educationだが、当時は「強制教育」と訳されている。これは、「お前たちはこれから日本国の国民として恥ずかしくない自覚を持ち、読み書きもできなきゃいけない。ここでしっかり学べ」と強制的に学校に子どもを集めて勉強をさせる教育モデルだ。

「あの先生に教えてもらおう」と学ぶ側が自由に選ぶ以前のようなスタイルがなくなり、義務的に来させられるようになったのだ。「家が商売しているからこの往来物で学ぼう」という個別の学びスタイルも消滅した。学ぶ側である子どもを中心とする教育が否定され、国家によって管理された教育に移行したのである。

江戸にたくさんあった手習い所の一部は貧民のための私立小学校になったが、多くは明治の学校に昇格することはなかった。

手習い所や寺子屋をそのまま小学校に昇格させなかったのは、手習い所は各人が好きなときに来て、好きなように座って、好きなような内容で勉強していたためだと思われる。そういうスタイルでは近代国家の国民としての素養が身につかないと判断したのだろう。

指導された教師と一斉授業

各地の村々につくらせた近代的な学校では、始まる時間はすべて学校が決めた。授業中は、「はい、今から始める。手は後ろ」と生徒をおとなしく座らせて、教師の指示に従うことを教えた。

これを「一斉授業」と呼ぶ。近代国家では軍隊で命令一下に動き、近代工場で指示通りに動くことのできる人間、いわば「指示」に従って動く人間が必要とされ、学校はそうした訓練場と考えられるようになっていった。

たとえば、運動場。これができたのは日清戦争のあとだ。それまで校庭といえば、築山があったりする、いわば庭のようなものであった。その後スウェーデン体操などの兵式体操や運動ができる場所がつくられ、「休め」「気をつけ」「前に習え」と指示通りに迅速に動けるよう、運動場が完成した。

学校には時計台も建てられ、時間管理が厳密になっていった。それまでの時間は太陽の動きをもとにそれぞれの場所で決めていたが、政府は太陽暦を採用し、何時何分かを全国一律にした。国家が管理するようになった時間は、時計が家庭になかったので、村で目立つ場所、すなわち学校の時計台に置かれるようになった。学校は、近代化を目指す国家の象徴になった。

明治の初め頃には、先生向けの指導書ができ、生徒を上手に管理して一斉に授業するやり方が詳しく書かれていた。

近代的な学校は、それまでの師と弟子に見られたような教育とは原理を異にしている。教師はある意味「教え方のプロ」にはなったが、以前のような教える「中身」に詳しくない、いわば「中身のプロ」ではなくなっていった。師匠でも親方でもなく「教員」と呼ぶのにふさわしくなった。

そしてこの新たな教育モデルでは、子どもも保護者も先生を選ぶ権利はたいてい保障されなくなっていった。

企業国家と偏差値主義の始まり

西欧をモデルとする近代化を急いだ日本には、戦後、戦争に負けたという新たなコンプレックスが加わる。そして戦前、国民の義務であり強制でもあった教育は、学びの機会を提供する「義務」が親、国民に与えられ、子どもたちには教育を受ける「権利」があると変わった。

戦後教育は、遅れていた民主主義の精神を国民のものとすること、文化国家の担い手を育てること、平和への強い意志を育てることなどを理念として出発し、その点で戦後教育の歴史的意味はたいへん大きいのだが、実際は「産業国家の担い手」「産業主義的近代化の担い手」育てのほうに急速に流れていき、学校は産業社会への人材配分機構となっていったことは周知であろう。

高度経済成長時代の学校は、まさしくよく用意された立身出世の手段となっていった。がんばって勉強して名門校に入り、それなりの会社に入れば車も家も持つことができるという「見返り」がしっかり保障された。実際、日本の高校進学率はうなぎ上りになり、一九六〇年には約六割だったのが七〇年代にはじつに九割が高校に進むようになった。

こうしたリクルートシステムに都合がよかったのが「偏差値主義」であった。また学科の中で何かが特によくできる、得意だというより、万遍なくいろいろなことができ、平均値が高いということも求められた。偏差値の高い学校に入って、名のある大学から大きな企業に就職し、一生ちゃんと給料がもらえるというサクセスストーリーが、偏差値を競い合うという分かりやすい図式の中で広がっていった。

あまり疑われることはないが、受験では「苦手科目の克服」がよく指導される。しかし、人間に勉強科目の好き嫌いや得手不得手があることは当たり前で、だからこそ個性というものができるのではないか。苦手科目の克服とは、将来やりたくない仕事でも嫌がらずにこなす練習をしているという意味以上には、教育的効果はないと思われる。世界でこんなことをしている国は他にあるだろうか。

たしかに苦手科目をなくせば点数は多少は上がるだろう。基本的なところのつまずきも解消されるかもしれない。だが得意分野を持つことの意味合いを曖《あい》昧《まい》にして、苦手なことを克服させようと強いれば、子どもたちはたいていそれで勉強嫌いになってしまう。後述する「勉強はいいよ、もう」というムードをつくった最大の要因は、この「苦手科目克服」なのではないかと思う。また、オールマイティな結果を求めることは、その子が自分は何が得意なのか、何が本当に好きなのかということを分かりにくくさせてしまう。

私には三人の子どもがいるが、一人、日本の学校が嫌だというのでイギリスの高校に進んだ息子がいる。イギリスには「A（アドバンスド）レベル」という日本のセンター試験のようなものがあるが、どの科目で受けるかは自分で選ぶことができる。息子は「日本語」を選んだし、ロンドンに住んでいる姪っ子は小さい頃からバイオリンを習っていたので「バイオリン」を選んだ。

得意な科目なので、判定で「A」をもらうのは間違いない。五科目受けて三つがAだとオックスフォード大学にも入れるので、自分の得意なものをどれだけしっかり持っているかが有利になる。留年という制度がないため、授業についていけないと入ったあとで退学になる厳しさはあるが、イギリスではそれでいいとされているのだ。

いずれにしても、自分がどういうものが好きで、どういうことに向いているかを知り、本当に得意なものを見つけてそれを伸ばしていく、そんな教育に変えられれば、勉強嫌いを増やさずに済むし、個性的人材はもっと育っていくはずだ。

ついでに言うと、一、二年で教養科目を学ばせ、三年から専門分野に進む日本の大学のカリキュラムは逆転させたほうが効果的かもしれない。つまり一、二年時は専門的なことを、三年以降は一般教養を、というスタイルだ。

自分が好きで選んだ分野が広い視野で見るとどういうものなのか、歴史的にはどういう意味があるのか、人間学的にどうつながっているのか。専門的なことを学び、理解した上でそれを哲学的に俯瞰してみようとなったときに初めて「教養」が必要になる。最初に教養科目から入ると、その必要性が分からず、なんとなくやっておこうで終わってしまう。

「教養」のひとつの意味は、知識が「つながる」ということだ。知識にある程度の専門性がないとそれらはつながらないし、つながりが見えない。ジェネラリストになる前に、ある程度のスペシャリストを育てていくということだ。

「勉強したいと思えない」

二〇〇九年に五〇・二％と二人に一人が大学まで行くようになり、すべての人にこれまでと同じ「見返り」が与えられなくなってきた。大きな会社に入っても、いつリストラされるか分からない。絶対につぶれないと思っていた会社がいとも簡単につぶれたりする。いい大学を出たところで就職先が決まらないという事態も起きてきた。戦後を支えていた企業社会と偏差値主義のカップリングの崩壊である。

「勉強はいいよ、もう」、そんなムードが今や日本全国に漂っている。たとえば、ベトナムや韓国では留学する学生がどんどん増えているのに、日本だけは二〇〇五年からぐっと減っている。外国へ出て行って、もっと勉強しようという若者が減ってきているのだ。

これにはリーマンショック以降の景気の低迷や、個々の家庭の経済的な格差が広がっていることにも原因があるだろう。だが、学びへの意欲というものが全体的に落ち込んでいることは間違いない。

藤沢市の教育委員会では、中学三年生を対象に学習意識調査を長年行っている。ここでは、「もっと、たくさん勉強したいと思いますか?」という質問に対して、「もっと勉強をしたい」「今くらいの勉強がちょうどいい」「勉強はもうしたくない」の中から答える形式をとっているが、一九六五年に「もっと勉強したい」と答えた生徒が全体の六五・一％だったのに対し、二〇〇〇年では二三・八％まで下がり、「もう勉強はいい」と答えた割合（二八・八％）に逆転されてしまった。

この傾向は今世紀になっても続いていて、二〇一〇年調査では「もっと勉強したい」は二四・六％、「もう勉強はいい」が二三・八％とやや改善しているものの、意欲のある生徒は全体の四分の一程度という状況が続いている。

また、別の家庭学習の実態調査をみると、「家に帰って勉強する時間がゼロ」という生徒は小学校で二七％、中学で六一・八％と跳ね上がり、高校生は七七・九％と、じつに学年が上がれば上がるほど家庭での勉強をしない、という実態が浮かび上がった。塾で学んでいる時間を家庭学習に入れてもこの数値だから、塾に行っていない子はほぼ家庭での勉強はゼロということになる（久冨善之、田中孝彦『希望をつむぐ学力』、明石書店）。

時代とともに、学ぶ意義や方法、内容が変わっていくのに、学校はそれに柔軟に対応してこなかった。その結果がこの数字と言うべきだろう。

勉強とは何か、学びの喜びとは何か、なぜ勉強をするのか、子どもたちはこのことを切実に分かりたがっている。それが分かる学習をしたいと願っている。そのことを曖昧にしたまま、「いい学校に行きたいのだろう」「行きたいです」「だったら勉強しなさい」と尻を叩いてきたことのツケだと思う。

教育というのは、もともと自分が何を勉強したいのか、何を一生やっていけたら自分らしく生きられるのか、自分たちの幸せをどうやったら実現できるのかを探すためにするもののはずだ。経済競争を勝ち抜く国家の一員になるためではないという矛盾が、改めて表面化してきたといえる。

「学校へ行ったって、別に」

私はときどき不登校の子どもの相談を受けるが、彼らと話をするとたいていは「学校に行ったって、別に」という答えが返ってくる。学校へ行かないと恥ずかしいとかダサいという気持ちはあまりなく、「行っても仕方がないじゃない」「どうしても行かなければいけないの？」と感じている子どもが多い。まさに、正直な反応だろう。

明治時代、近代化のために導入された学校は、最初は登校が「強制」されたが、工場で働いたり軍隊に入ったりしたときに読み書きが必要だと分かり始め、学校に「行ったほうが得だ」とみんなが感じ始めてからは変わった。明治末に授業料を払わなくて済むようになったことも手伝って、小学校の就学率は一〇〇％近くになった。

私のような戦後第一世代は、戦争に負け、日本をなんとかしなければいけない、このままではだめだという機運にあふれていた。民主主義もよく分からなかったし、科学技術も遅れていたけれど、平和で文化的な国家は自分たちでつくっていかなければというムードが盛り上がっていた。学校では「民主主義とはみんなで議論して決めるものだ」と教わり、むしろ学校のほうが社会より一歩進んでいるような実感があった。みんなが「学校へ行くと正しく、間違いなく社会へ出ていける人間になれる」と信頼していた。

今、「日本をもっと豊かにしなければいけないから、勉強しなさい」と言っても誰も耳を貸そうとはしない。当たり前だ。ある程度豊かになると、貧しさを克服するために勉強するという動機が通用しなくなる。

今は、学校に行きたい、学校へ行ったほうが生活が楽しい、と思える別の動機を育てなければならない。「勉強は面白いよ」「世の中難しいことがたくさんあるけど、学校に行くとヒントが得られるかも」「どんな一生を送ると幸せになれるか教えてくれるかも」。こういう風にならないと、子どもたちが学校に自ら行こうとしない時代なのだ。

今、学校はこうした正直な子どもの気持ちに対応できているだろうか。

欧米をモデルに経済、経済で追いかけてきた日本の戦後教育。日本の近代化は産業化をベースにして進んだが、そこに特化された近代化の持つ種々の問題を、教育も必然的に抱え込んだといえる。二一世紀を迎えた今、二〇世紀型近代化を踏まえて、その限界を乗り越えた新たな社会原理を模索しなければならない。

こなすだけで四苦八苦する先生たち

本章の冒頭に述べたように、そもそもは教える中身のプロフェッショナルとして始まった先生。しかし、現代の先生はどうだろう。

現在の日本の小学校の一クラスあたりの定員は法的には三五人（一九六〇年代は五〇～四五人、八〇～九〇年代は四〇人）。実数は漸減《ぜんげん》していて、現在はおそらく二六人を割っている。しかし海外と比較すると、ひとりの先生が受け持つ数としてはかなり多い。経済大国の仲間入りをしている割に、世界的には少し恥ずかしい水準と言っていい。

たとえば定員数に対して敏感に反応したのはイタリアだ。十数年前に行われた学力の国際比較調査の結果がかなり低かったイタリアでは、このことについて国会で議論し、成績が悪いのは一クラスの人数が多すぎるという結論を出して、三〇人を二五人に引き下げることを決めた。イタリアの場合、各都市の自治性が高いので一律にはいかないのだが、平均実数で一五人を割るくらいの人数のようだから、思い切った発想だったと思う。

ちなみにOECD（経済協力開発機構）の国際比較調査（「図表でみる教育二〇〇四」）によると、二八ヵ国中日本は上から四番目に一学級の児童数が多かった（一位は韓国）。日本はこのとき二〇・三人だったが、OECD全体の平均は一六・六人であった。

こうした海外事情を見ると、日本のクラスの生徒数はやはり多い。このままでは、一人ひとりの子どもたちを細やかに見ることは困難で、個を尊重するというより、みんなで一斉に同じことをする授業になりがちだ。教え方が上手といわれる先生も、その一斉授業のレール敷きに長《た》けていることだったりする。

先生自身も教えることの具体的な技術を学生時代にあまり訓練されていない。これは日本の教員養成システムそのものに問題があるのかもしれないが、「教育とはこうあるべき」とか、「教育方式にはこういうものがある」という根本的なことを教わる機会が十分でない。現場としての経験は、二、三週間の教育実習を受けるだけで、あとはいきなり本番だ。シュタイナー教育で、教師になるためにシュタイナーの理論と実践を三、四年徹底的に勉強するドイツとはだいぶ異なる。

おそらくどの先生も、自分が受けてきた教育をひとつのモデルにして、それに少しばかり手を加えたぐらいの発想で子どもたちに接するしかない。だが、受けてきた教育が間違っているかもしれないと考えることは普通しない。

やる気があって、教え方も上手な先生はいるが、そういう人は最近では大学や予備校、あるいは大手の塾が引き抜いてしまう。特に予備校は先生の給料よりも二倍、三倍もいいので、いい人材が流れやすい。正直な話、予備校にはそれなりの先生が集まっているという皮肉な結果になっている。

現状の採用システムだと、教師になって一年目は仮採用、その間ベテランの先生や元校長などがついてジャッジし、二年目から本採用となる。だが学校側も教員の余裕がないため、一年目の仮採用の新米教師がすぐ担任になるケースも多い。右も左も分からないままにいきなり授業を持たされ、その上担任まで任されるので、ほとんどの先生が普段の授業をこなすだけで手一杯になる。内容を面白くしよう、個別の子どもたちのここを伸ばそうという余裕はしばらくは持ちようがない。

少子化で教える子どもの数が減るので、ようやく少しばかりていねいな教育に変えられるかと期待したものの、実際には学級のサイズは改善されず、徐々に教員の数が減らされている。子どもの絶対数が減ってきたことを逆にチャンスにして、子どもたちの教育条件をもっと充実させるべきだろう。

子どもをしっかりと見守りながらていねいに育てる。それができる学校になるよう、あり方を根本から変えていかなければならないと思う。

新しい学力観の試み

じつは、学校を二一世紀バージョンに変えようとする試みが行われたことがある。そのひとつが一九八九年の学習指導要領改訂で導入された「新しい学力観」である。

これはコンピュータ時代の到来や、追いつき追い越せ路線が終わり、日本もオリジナルのものを提案しなければならない状況が到来していることを念頭においた学力観の転換であった。知識や技能を中心とした学力から、思考過程や変化に対する対応力、個性を育てることを重視しようとするものであった。この転換に合わせて「生活科」という教科が導入され、体験が抽象化してきた時代への対応として、具体的な生活体験の中での学びを重視することがうたわれた。そしてそれからほぼ一〇年を経て「総合的な学習の時間」が設定された。これは、子どもたちに自発的で総合的な課題学習を課すもので、先生と生徒たちで探究テーマを決め、その課題に協力しながら接近するという参加型学習である。

この試みは時代の流れからすると必然的であったが、古い学力にこだわるグループからこういう「ゆとり教育」では「学力」が低下するという厳しい批判が相次いだ。『分数ができない大学生』（東洋経済新報社）などという本も出され、世の中は「学力が低下している」「いや、していない」ということ一色に彩られた論戦が続いた。本当は総合的な学習が広がり定着してからその成果が示され、それと旧学力とはどう違うのかが比べられなければならなかったのだが、総合的学習に慣れていない日本の教師たちには、この教育へのとまどいも大きかった。計算練習をしっかりとさせ、そのあとでテストして定着を図るという旧学力のほうが分かりやすいということもあって、次第に雰囲気は「ゆとり教育」批判＝学力低下が深刻化しているという方向に流れてしまった。

文科省の中でも批判派が台頭し、結局旧学力重視へ逆戻りした感があったのが二一世紀初頭の教育界の姿であった。せっかくの試みも成果が上がる前に摘み取られた印象が強い。最近の学習指導要領では、旧学力に討議・発表能力などの育成が接ぎ木されたようになっている。

情報化社会、必要な学びとは何か

本章の最後では、情報化社会の学校について触れたい。

今、小学校でパソコンの使い方が教えられている。何年生からという決まりはなく教育委員会と校長の判断によるが、一応ローマ字入力を基本としているので、ローマ字をある程度学ぶ四年生以降のところが多いようだ。親の姿勢次第では、もう少し早くから子どもにパソコンを扱わせている家庭もある。

使い慣れるとインターネットで情報を集め、メールでやりとりし、写真や絵の加工をパソコンで手掛け……ということが、今は小学生でもある程度可能になりつつある。計算機も安く手に入り、こうして情報収集や計算を機械がやってくれる時代に、あいかわらず知識の記憶や計算力を高めることを基本とする授業は効果があるのだろうか。

たしかに、計算練習や暗記の練習は悪いことではないと思う。しかしそれは脳を活性化させる手段として位置づけ、必要と判断すれば習慣化すればいいことで、それがその子の学力評価の重要な内容になり、その子の一生を決めるようなものにする必要はないはずだ。そもそもコンピュータなどで調べて済むことを覚えるのが勉強なのか。

情報化社会といわれ、家では親よりもむしろスマホの機能をよく知っている子どもたちに、それ以前の古い時代の教育のやり方を押しつけているといわれても仕方がないのではないか。

ヨーロッパの小学校でも、計算式を書くまではやるが、あとは基本的に計算機に任せている。以前ドイツの高校で数学の授業を見学する機会があったが、全員が計算機を使って計算していた。なぜ筆算ではなく計算機を使うのかと先生に尋ねると、「社会に出たときに筆算でやることがあるか、ということです。だったら計算機をしっかり使えたほうが役に立つ」と明快な答えが返ってきた。

日本人には一見そぐわない感覚だ。「人の頭は使ったほうがいい。単純なつまらない作業と分かってはいても、多少面倒でも頭のためにはこちらのほうがよい」というのが日本的な教養観なのかもしれない。

中学で覚える因数分解も連立方程式も、社会に出てからその分野を専門とする職業についた人以外の人が使うことはまずない。それなのにこうした計算ができないと数学の点数が低くなり、その人の一生にも影響するというのは冷静に考えればおかしな話だ。

国際教育到達度評価学会（IEA）が世界の小学四年生と中学二年生を対象に数学と理科の学力を調査している。一番新しい二〇一一年調査では、参加五〇ヵ国のうち計算力では日本の小四は五番目の成績であったが、「数学に対して自信がありますか?」という問いに「自信がある」と答えたのは九%で、世界平均の三四%を大きく下回って最下位であった。また「わたしは数学が好きだ」に対して「強くそう思う」と答えた小四は三一・一%で、これも世界平均の五八・七%を下回っていた。

せっかく計算練習をたくさんやっても、自信が育たず、好きにもなれない。こうした傾向は、これまでの教育方式を改めるべきことを強く促していると考えるべきだろう。計算のスキルだけでなく、「数ってなんだろう?」とか、考える学問としての面白さを伝えていくべきだ。子どもたちが興味を持って取り組み、自信が身につく教育方法を考え出すべきだ。

たとえば、「1+1=2」が本当にそうなのかを疑ってみる。水一リットルとアルコール一リットルを足しても、双方の分子の大きさが違うため、実際には一九六〇cc程度と二リットルにはならない。米と大豆一リットルを足しても二リットルにはならないのと同じだ。「1+1=2です。そう決まっているんだよ」と教えるより、「1＋1＝2になることはじつは珍しいことなんだ」と教えたほうが子どもたちは興味を持つだろう。

人間の頭はもっともっと柔軟に働く。コンピュータをコントロールできる力は欠かせないが、同時にコンピュータではできない力をもっと伸ばしていかないと、人間が人間であることを失ってしまう。

コンピュータにはできないことは、感じるということだ。面白いという気持ちを育てること、あるいは疑問を持つこと、あるいは感情で判断すること。「なんて不思議なんだろう」「きれいだね」「ほっとするね」、人間しか感じ得ない感情や感性を、体験を重ねながら豊かにする。学校をそんな学びの場にしていかなくてはならない。

第4章

「小さな社会」が手応えをつくる

「楽な暮らし」に子どもたちを巻き込んでいる

私の子ども時代は貧しく、思い返せば日々の生活は知恵比べのようなところがあった。「今日はあの店に行くと、いつもすぐ売り切れる駄菓子が並んでいるはず」「家の買い物も早く済ませないといけないので、両方買うにはどうしたらいいか」

大人たちは大人たちで、今の暮らしをなんとか豊かにしようと知恵を絞っていたし、みんなが自分の頭を使って工夫することが日常的に必要だった。国レベルでももっと暮らしやすくするために、科学技術を発達させなければならないし、外国との貿易も盛んに行って経済も豊かにしなければならなかった。

子どもたちもその意味で、読み書きや計算もできるようにならないと感じていたし、なんのために学ぶかを自分なりに意味づけすることができた。

けっして楽ではなかったが、こうした暮らしには「生きている」という確固たる手応えがあった。わずかなおやつを兄弟で分け合い、満腹な自分を夢見ながら、「これおいしいね」と家族が微笑み、見つめあう。そういうときに、子どもなりに「ああ、幸せだな」と感じたものだ。

その後、高度経済成長を経て、日本も経済大国になった。生活はみるみる豊かになり、みんなの暮らしは楽になった。しかし、その割にはかつての貧しい時代に感じた「幸せだな」感が薄れていったように感じるのはどうしてか。

もう日常は不便ではない。家の中には便利な家電が並び、近くにはコンビニエンスストアが何軒もある。「スイッチ押せば手に入る」「買ってくれば食べられる」という世界が日常化している。

その楽さの一方で、何かが消えようとしている。

工夫をしたり、知恵を絞らなくても十分楽なので、自らの頭を使うということもさして必要でなくなった。その結果、頭を使い、腕をふるえばこんなことが手に入るというリアリティやアクチュアリティが希薄になっていってしまった。

楽さを志向する生活文化に幼い頃から巻き込まれて育った子どもたちも、リアリティやアクチュアリティの希薄さに対する不満感のようなものを表現し始めているように思う。ゲームにあれほど熱中するのは、少なくともゲームをしているときはスキルアップや謎解きに挑んでいるというアクチュアリティが感じられているからで、それが現実よりもバーチャル世界でなら得られるからであろう。現代の子どもたちを理解するときにもっとも大事なことはこのことで、彼らは昔と異なる仕方で生きる手応えの世界を切実に欲していると見るべきなのである。

右肩上がり社会との決別

明治以来、あらゆるものが右肩上がりに進んできた。人口も増え、工場の生産性も上がり、経済力の目安とされるGDP（国内総生産）もどんどん増え、とにかくモノが増えること、大きいこと、速いこと、効率が上がることがいいことで、それが幸せの元とされてきた。

より大きく、より速く、より効率よく、そしてより豊かにを目指してきた世界は、たしかにある面で人間の生活を変え、幸せにしてきた。しかしその一方で私たちの前に現れたのは深刻な環境問題であり、人口問題であり、格差拡大問題であった。このままでは地球自体が麻痺《まひ》状態に陥りかねないことを多くの人が知っている。

こと日本に関すると、二〇〇五年を境に人口が持続的に減り続けるという、いまだ経験したことのない未知の社会に突入している。このまま少子高齢化が続いていくと、二〇五五年には今より四〇〇〇万人の人口が減る。人口が増え続けること、少なくとも維持されることを前提にしてきた社会制度や社会保障は、大きく崩れることになる。いや、すでにあちこちで制度が破綻《はたん》し始めている。

教育も同じだ。近代化モデルを支えるものとして、ひたすら右肩上がり社会の中で整えられてきた教育が、あちこちで制度疲労を起こしている。

さしあたり、まずおおもとの右肩上がりの社会観そのものと決別する必要がある。「より大きく、より速く」を目指すのではなく、「より小さく、よりスローな」社会を志向しなければならない。その中で、派手ではないが柔らかいしっとりとした幸せを実現するという方向に切り換えるのだ。

政治や経済、家族・地域・企業の基本組織、経営、情報処理など、これからどういう社会を我々は目指すべきなのか、その行く末や方向性をみんなで議論しながら、納得のいく青写真を描いていく。より小さく、スローな社会における教育の形をこの章では考えていきたい。

具体性の世界を取り戻す

人が成長していくために必要な体験として、私は「具体性」と「偶然性」をあげたい。たとえば五感のひとつ、嗅覚。

夕方になって、街のあちこちから夕飯のにおいが漂ってくる光景をイメージしてもらいたい。おいしそうなにおいが、急に空腹な自分を思い出させる。湯気の立つ味噌汁、料理を家族で囲む食卓のイメージがぱっと頭の中に浮かんで、子どもたちは「そろそろ家に帰る時間だ」と気づく。

田舎に行けば、豚を飼っていれば厩舎《きゅうしゃ》の独特なにおい、畑に行けば肥やしのにおいといった「田舎の香水」がぷんぷんしていたし、森に入れば爽《さわ》やかな緑の香りが私たちを優しく包む。

人間の五感の中で、一番最初に働くのがこの嗅覚といわれる。人は、生まれて真っ先ににおいを感知するのだ。生まれてすぐの赤ちゃんは大人の数十倍の嗅覚があるといわれるが、その後、次第に目を使って親の存在を確かめ、耳で両親の声を聞き分けるようになり、それに伴って嗅覚優位が変化していく。しかし嗅覚は人間の感覚のベースにあるので、小さいとき、においで覚えた印象はしっかりと記憶として残っていく。だからある特定のにおいを嗅ぐと、ふっと記憶が蘇ることがある。

今述べたようなにおいの光景は、最近では滅多にお目にかかれない。現代の、特に都市を中心とした生活でにおいを感じることは少なく、むしろできるだけにおいを消していこうとしている。こうした社会では、当然人間の五感そのものが働かなくなっていく。

嗅覚だけでなく、触覚の世界も大切だ。子どもたちが大好きな砂場遊びや、ままごと遊びで土をこねるときのひんやりしてざらざらした土や砂独特の感触は、子どもたちの触覚を大いに刺激する。「気持ちいい」「面白い」という感覚を呼び覚まし、遊びを次々と誘い出す。磨き込まれて、表面のつやつやした泥団子など、まさに芸術作品のようだ。

しかし、都市は道路という道路をアスファルトにして、土と接する環境を目の前から消してしまった。近所の公園も不審者が出没するからと、自由に遊びに行くことができない。マンションに住めば、ベランダのプランターで草花を育てない限り、土に触ることは滅多にない。子ども時代の土との経験が圧倒的に少なくなっている。

小学生たちは多忙だ。朝起きたら朝食もそこそこに、身支度を慌てて済ませ家を出る。外に出て太陽の光とひんやりとした空気で身体をシャキッとさせ、冷たい水で顔を洗う。このような五感を活性化させるごく自然な行為が、今はむしろ特別な「健康法」としてテレビで紹介されたりする。部屋の中はいつでも「快適な」状態で、人間のほうが自然に合わせて適応していくということも次第になくなってきた。

「具体性の世界」とは、においや冷たさ、眩《まぶ》しさ、あるいは土の手触り、雑草の青くささ、転んだときの膝の痛みのように、人間の感覚を豊かに働かせる世界のことだが、今、この世界はどんどん消失している。目の前にあるのは多義性が失われた、一義的で快適な世界。それは抽象の世界であり、偶然性が消されて必然化された世界だ。

子どもの頃、よく近所で川遊びをした。表面に見えている石をリズミカルに踏みながら、上流に向かって駆けのぼる。踏み込んだ勢いでときどき石がごろっと傾いて、身体がバランスを崩す。だが、そうしたときも身体は逆向きに脚を蹴り上げて、瞬時にバランスを保とうとする。数歩先まで予測して、次に踏み込む石を瞬間的に選びながら、より速く、向こう岸へ。目的地まで辿り着いたときには、「よし、やった！」とひとつのことをやり遂げた喜びを感じることができた。

これは、偶然性に富んだ遊びだ。誰のためでもない、自分のための小さな遊び。誰が評価するわけでもない、自分にとっての挑戦。冒険にもなり、うまくできたときは喜びにもなる遊び。臨機応変に対応する力や身体のしなやかさ、それに達成感という宝物を子どもは手に入れ、そして成長する。

具体性と偶然性の世界に生きることは、人間がこれまで進化してきた過程の基礎にあるものだ。全身で感じ、工夫して遊び、モノをつくり、事をなしとげる。

これが、人間の活動の原点だと思う。何万年の進化の中でていねいに、大事にしてきたこれらが、今、私たちの生活から急速に消えようとしている。

自然はすべて「曲がっている」

「小さな社会」を意識するために、もう少し自然の力を借りよう。

たとえば雪景色。冬になると雪に覆われ、土も石も緑もない、一面に広がる真っ白な銀世界。

あるいは緩やかに蛇行《だこう》する川。土手があり、川幅も広く、護岸工事のなされた川しか見たことのない人もいるかもしれないが、自然にできた川は美しく蛇行している。川はその水の流れによって、時間をかけながら岸をやわらかく削っていくのだ。私は北海道の名寄《なよろ》の北にある天塩川《てしお》がお気に入りだが、岸から川柳の木のしなやかな枝々がやわらかくやさしく川面を覆うように垂れ下がっている風景は、本当に素晴らしい。改めて、自然とはこんなに美しいものなのかと感動する。同時に、どうしてこうした豊かな自然を我々は壊してしまったのだろうと考え込んでしまう。

自然界には、「まっすぐ」というものは存在しない。よくよく見ると微妙に歪んでいたり、曲がっていたり、さらに長い時間をかけて変化し続けるのが自然だ。しかし人間は、効率や使い勝手を考えて、それらをまっすぐな、幾何学的な形に変えてきた。そのほうが工事しやすく、車も走りやすいという理由からだ。

自然界にない、人工的に生み出された直線は、しかし人間に緊張感を及ぼす。たとえば田舎で三、四キロに渡ってまっすぐな道を作ると、それを見たときに誰しもが興奮する。都市もそうだ。四〇階建てのビルがどしんとつっ立っているのを見ると思わず興奮する。長く自然の中で暮らしてきた人類にとって、すべては曲がっていて偶然的なものだったから、まっすぐな直線やまん丸い形状などを見ると、その情報処理のために意識をそちらに向けなければならない。緊張し、興奮しないと情報処理できないのだ。直線の空間、そして昼夜を問わず明るい街で、常に交感神経を興奮させた状態で暮らしている。そのほうが仕事や消費活動に人を追い立てやすいからだ。

田舎がなぜ求められるのかというと、こうした不必要な興奮と緊張を強いられず、人類の遺伝子に基づいた情報処理だけで済むからだ。直線や幾何学世界は人間を疲れさせてしまうのだ。

小さな社会のものづくり

小さな社会では合理性や便利さはいったん捨てたほうがいい。

ものづくりにおいてもそうだが、大量生産と大量消費を一度捨て、むしろ「少量の手間ひま生産」スタイルを復活させようということだ。「大量につくって安くし、ＧＤＰを上げて幸せに」というのが二〇世紀であり、そこでは資源がどんどん消費されてしまった。二一世紀はそういう発想とはまったく逆の、少量を大事に手づくりし、使う材料も無駄にならないよう、つくったものも捨てたらもったいないという価値観に変えていくのだ。

人口が減っていくのだから、すべてを今より少なくすることが基本になる。二〇一一年の東日本大震災でその危険性が改めて取り沙汰されている原子力発電所も、大きい国を維持するために必要とされたもので、地震大国の日本では危険極まりないリスクを抱えた施設である。

たとえば、川のあちこちに見映えのよい小さな水車をつくって地域で発電をする。必要な分だけを手に入れ、あとはなるべく使わない暮らし方を志向していく。ＧＤＰを上げないで済む社会の運営の仕方を、みんなで知恵を出し合いながら考えていく。自分たちの身の丈《たけ》にあったサイズに、すべてをダウンサイジングしていくことだ。身の丈に合ったエネルギーシステムを自分たちでつくり直す。

「スローでスモール」な暮らし方は、小さな社会を想定し、そこでたくましく生きていく方法を身につけるという考え、価値観によってもたらされる。不便さの中から工夫や知恵を発揮していくような、まさに生活力を見出し、そこに子どもたちの学びのテーマと理由が発生するような方向に舵を切ればいい。コンビニで買っていた料理はなるべくつくるようにし、生活必需品もできるだけ自分たちで整える。家を建ててもいい。

私は今、山梨の清里高原で仲間たちと一緒に気軽に集える「ぐうたら村」という場をつくっている。そこでは泥を素材に使った家づくりをしていて、プロの指導のもと、全身泥だらけになりながら作業する。翌朝は足腰が多少痛むが、これからは畑づくりも手づくりのモノづくりもみんなでワイワイしながらやる予定だ。こういう場所、こういう体験を新しい社会づくりのモデルとして考えていて、そこからいろいろな価値を紡ぎ出したいと思っている。

手づくりの生活では、子どもたちの力も必要だ。「ぐうたら村」では、子どもたちは自発的によく動く。仲間だけでなく、近隣住民とも家族のようになる。高齢者も交えながら生活を楽しむ術《すべ》を探っている。

「自分たちの」が想像できる社会

小さい社会をイメージしてもらうために、ひとつの例をあげてみよう。以前から考えてきたことだが、北海道と沖縄を日本から離し、独立した国として想像してみてもらいたい。

これは冗談でいっているわけではない。井上ひさしさんの小説『吉里吉里人』に突如日本からの独立を宣言した村の話が描かれているが、国というのは本来、属する人たちの共同意思が保てる集団でないといけない。江戸時代であったら国といえば藩のことで、「山城国」「薩摩国」など、今の県くらいの規模だった。住んでいるのはせいぜい数十万人で、どこも規模が小さかった。

たとえばデンマークの人口はおよそ五六〇万人。この人口は北海道とほぼ同じ。面積は北海道のほうが二倍近く大きい。

当の北海道は酪農も農業も厳しく、離農する人も多い。今では人口の三分の一近くが札幌周辺に住んでいる。かたや規模的には同程度のデンマークは主たる産業が農業、酪農業で、世界でかなり住みやすい国とされる。この差はなんだろう。

理由はいろいろあるだろうが、根本に北海道は自分たちで自立してやっていこうとしていないということがある。日本という国に依存せずに、自分たちで北海道という国をつくっていけばよい。日本とはよい共同関係を結び、パスポートなしに行き来していいが、北海道の税金はすべて道民たちが自分たちのために使っていく。「五〇年後までにこんな国にしよう」と呼びかければ、五六〇万人は今よりもっと自分たちのことを真剣に考える。

第一章で、幼稚園や保育所のクラス当たりの人数について触れたが、ここでも構成員の数に注目してもらいたい。「自分たちの」という実感を持つためには、人口数百万人ぐらいの規模がふさわしい。財源の裁量も同程度の規模で行われるべきということなのだ。

私たちが払った税金は私たちがどう使うかを決めるという責任と義務を持つ。ひとつひとつの国を小さくすれば、具体性に欠けるような、大きなことをできなくなる。どうしても大きいことをする必要がある場合は、連合を組んでやればいい。

そういう意味では、ヨーロッパのＥＵ（ヨーロッパ連合）が近い。各国の独自性を保ちながら、連帯性を形作っている。日本もそれにならって「日本連合」をつくればいい。沖縄も独立すれば主権国家となり、「沖縄には米軍基地はいらない」とアメリカと個別に交渉ができる。そう単純にはいかないにしても、国になれば自分たちに交渉権が発生する。

教育も日本のカリキュラムではなく、自分たちで納得するカリキュラムをつくっていく。学校で学ぶ外国語は英語でなくても構わないだろう。北海道ならロシア語を加えて、ロシア語と英語を選択制にしてもいい。沖縄だったら、ベトナム語や中国語のほうがより重要かもしれない。

自由貿易国にして、関税をあまりかからないようにすると、外からの観光客も増えるだろう。これらはすべて小さい国だからできることだ。

帝国主義の時代は、宗主国が大きければ大きいほど世界を支配できた。二〇世紀に入って植民地はそれぞれ独立したが、支配された後遺症で独立後にうまくいかず、アフリカのようにいまだ混迷している国が多い。下手に人間が人間を支配してしまうと、そのダメージがどれほど大きいかは歴史が証明している。

大きくしようとするから、「自分たちに不足しているもの」を外から奪おうとする。戦争が恒常的に行われてしまう。小さい社会から始めて「大きくしない」ことを目標にすれば、「〇〇がない」ではなく、「自分たちにはこれがある」という、得意なところ、プラスの部分に目がいくようになる。視点や価値観が変わってくる。これは子育て、教育でも同様だろう。

小さく自足する「等身大の世界」を

プラトンは『国家』という本を書いたとき、ひとつの国家の規模として、おおよそ六万人ぐらいのコミュニティを考えていたようだ。昔の人には、今のような一〇〇万人とか二〇〇〇万人が一緒に住んでいる状況というのはおそらくイメージできないだろう。国というのは、もともと住んでいる人が互いにコミュニケーションできる範囲でしか考えていなかったのだ。

インドをイギリスから独立させたマハトマ・ガンジーは建国の父として知られるが、何を主張した人かというのは世界ではあまり知られていない。じつはインドは、ガンジーの研究を禁止してしまっていた。なぜ禁止したかというと、ガンジーは生前、新しいインドをつくるときに軍隊を持ってはいけないと言っていたからだ。

インドには小さい村がたくさんあり、そこで昔から共同生活が営まれてきた。大きいところで数十万人、小さいところでは数千人の規模で、そういう村が数十万あると言われている。その数十万の村がそれぞれ国になればいいとガンジーは考えていたという。それぞれの統治は人びとで相談し、自分たちが払う税金をどう使うかもみんなで決める。大きなことをするときだけ国の連合をつくればいい。あくまでも村が国。そういう国家像を彼はイメージした。そういう国には警察があれば十分で、軍隊はいらない。

ところが結果的には、インドの初代大統領ネルーたちによるインドの建国史の中で軍隊はつくられてしまった。国民にガンジーを研究されたら、そのことが発覚してしまう。そこで国民によるガンジー研究を封印してしまったのだという。

うまく統治するためには強い権力が必要というのが二〇世紀までの発想だ。そのうえ多くの国は国規模での拡大を目指し、統治にはますます強い権力が必要になった。そうして資本主義も社会主義も権力を拡大し、人類史上最大の殺し合いを繰り返した。

歴史から学ぶことが大事だとすれば、二一世紀は大きな権力がいらない社会にすることだ。小さな国であれば大きな権力は必要ない。そして、小さな国で教育水準を上げていったら、国民一人ひとりが自分はどういう時代にどういうところで生きているかを認識する度合が高くなる。物事を客観的に見る力もっていてくる。やがて、みんなが「自分たちの国をもっとよい国にしよう」と考えるようになる。

人々はできる限りの自足を目指すようになるだろう。当然、ものづくりも手づくりが主体となる。工夫をしながら、無駄をなくして生活していく。手間ひまかけていいものを作っていこうともう一回、職人文化に戻っていく。高齢者にも子どもにも、いろいろな仕事をやってもらう。

日本は人口が減って、都市にはこれから空家が増えていく。今七〇〇万とも八〇〇万軒とも言われるその数は、今後も加速度的に増加していくだろう。こうした空家を都市農地にするというのはどうだろう。そこで自分たちの食べる野菜を自分たちでつくる。自給率四〇％を切った社会を、もう一度自給できる国に戻していく。おそらく都市と農村の境界線は曖昧になっていくに違いない。

これらはひとつのアイデアにすぎない。だが、そういうところまで考えて、学校や教育のこれからを考えないと、子どもたちに新しい時代をつくってほしいと安易に口に出すことはできない。心から期待することもできない。

「ゲームをやめなさい」「テレビやスマホをやめなさい」と言うだけでなく、もっとリアリティとアクチュアリティのある世界を見せてあげないといけない。子どもたちは居場所を探している。

自分たちの国をみんなでつくろうとなれば、やる気も出てくる。みんなが真面目に必死に考える。子どもも有力な国民なので、「お前たちはどうしたいんだ、アイデアを出してほしい」となる。小さい国をつくること自体が生きることになり、教育になると思う。小さな社会を大事に思える人間を育てること、新たな価値観を育むことこそが、これからの教育の最大の課題だろう。

イタリアの小さな国づくり

イタリアには「コムーネ」という小さな共同体が約八一〇〇ある。イタリアでは市町村という区別がなく、人口一〇〇〇人でも一〇〇〇万人でも同じ一つのコムーネ（基礎自治体＝都市共同体）だ。この都市共同体では自律性の意識が昔から高い。住民は日本よりも主人公感覚が強くて、どういう国にしていくかをみんなで議論する。

北部の都市レッジョ・エミリアの近郊にあるコリアンドリーネ（「紙ふぶき」の意味）という地域には、十数軒の変わった家が建っている。その家はすべて幼児たちが設計したものだ。実際に行って見たことがあるが、とてもユニークな場所だった。

設計案を考えたのは五、六歳の幼児。子どもたちに「どんな家に住みたい？」と夢を語ってもらうことから始まり、親子でその夢を形にするワークショップなどを一〇年かけて行ってきた。プランを実際に模型にし、それを見ながら「普通の街灯はつまらないから鳥の形に」「サッカーができるスペースを」「道路はもっとこんな風に曲げてつくって」と子どもたちが次々とアイデアを出し合った。

実際にできあがった家は、エレベーターの中がマジックミラーになっていたり、階段の横が滑り台だったりと奇想天外な家だった。とても大人の発想からは生まれることのない、楽しいものだ。家は一戸三〇〇〇万円程度で分譲され、私が訪ねたときにはほぼ完売していた。コリアンドリーネは子どもたちのアイデアに真面目に接し、ユニークな発想を大人が手伝って形にした街なのだ。

「コムーネには優れた政治家はいるが、国には大した政治家はいない」、そう人々の語る都市国家イタリアは他方で職人文化をとても大事にする国だ。イタリアの会社は大企業よりも中小企業が中心だ。しかも、ベネトンのように生活の質の向上を目的としているところもある。

ボローニャは人口およそ三七万人。世界で一番美術館が多いといわれるボローニャにも中小企業しかない。それというのも、「従業員が三〇〇人を超えたら二つに分ける」という慣習があるからだ。おそらく職人の工房が企業のモデルとなっており、いいものをつくろうとしたら大きくしないほうがよいと考えるのだろう。二〇〜三〇人規模の会社が多いが、たとえばティーバッグをつくる機械のシェアのように、ボローニャが世界で一番というものもある。ものづくりにおいての高いクオリティが、世界市場で優位に働いているわけだ。

靴や服、家具、車といずれも職人が作ったものが一般的なイタリア。しかもどれも世界最高水準のクオリティ。いいものをつくる職人が街の誇りになっている。多くの物を安く売るのではなく、いいものがそのつくり手たち、あるいは使う人の生きがいとなる。

ちなみにボローニャは、市長も市会議員もすべて非常勤。みんな本業を持っていて、市民としての責務を担うために政治家になる。会議はたいてい仕事が終わった夜に行っているが、それだけ街をよくしていこうとみんなが一生懸命なのだ。また、銀行は利益の五割を市民団体に寄付しなければならないという条例がある。だから、みんなＮＰＯの活動費にしようとどんどん銀行に預ける。

先ほど紹介したレッジョ・エミリアは、「幼児教育の街」として有名だ。州の予算の十数パーセントを教育に使っていて、世界中から幼児教育関係者が見学に来る。

レッジョ・エミリアの幼児学校の子どもたちがつくる表現作品は、とてもテクニークでレベルが高い。そういうことが可能なのは、アトリエリスタという職人のような人が子どもたちの創作活動を応援しているからだろう。そこにあるのは、イタリアの貴重な職人文化を何とか子どもたちにつないで行ってもらいたいという願いだ。

そのお隣はパルマ。隣のコムーネにはむしろ無関心で、自分たちはチーズと生ハムに力を入れている。それで十分、自分たちでやっていけるという。

自分たちにはこれがある

小さな社会の集合体であるイタリアでは、長らく「チッタスロー」運動にかかわってきた。ワインで有名な街キャンティから起こった動きで、「スローな街づくり」という意味だ。キャンティはかつて人口が一万五〇〇〇人ぐらいあったが、日本の地方と同じで一九七〇年代までに若者がどんどん外に出て行った。「もうこの街には将来はない」と住民たちもあきらめていた。

ところがここに外国人がたくさん移住してきた。住民たちにとってのありふれた光景が、外国人にとっては美しい自然にあふれる街だったのである。不便このうえないはずの未舗装道路や斜面の多い地形が、移住者にとっては手づくりの環境だった。移住者が、次第に増えてきた。

それまで「ここには何もない」と、ないことばかりを嘆いてきた住民たちは、ここには都会にないものがたくさん「ある」と気づくようになった。「自分たちの街には他にはない豊かな自然があり、これが売りになる」と見直した。やがて街の特産を、とワインづくりを勉強し直してつくったのが、今や世界的に有名な銘柄になった「キャンティ」だ。

小さな街でもやりようによっては生き残れる。小さいこと、豊かな自然があることを前面に出した街づくりとしていこうと、いくつかの自治体でも「チッタスロー」運動が始まった。

自治体としてチッタスローに参加するためには五〇以上の条件があるという。人口は五万人以下、建築物の場所や光害、騒音などの条件も設けられている。とにかく風景が売り、そしてときには不便さが売りなのだ。舗装された道がないため、目指す場所まで結構苦労しながら山道を登らないといけない。でも、ふうふういいながら登ると、そこにはとても感動的な景色が現れる。車でひょいと移動するのでは味わえない、そんな暮らしがある。それを売りにするわけだ。

大きな金儲けは望まない。だが、そこに住む人たちは、みんなそれぞれに「ほどほどの生きがい」をもって生きている。スローでスモールなら、人口が減ってもやっていける。すべてが右肩下がりでも人が幸せになるような暮らし方、街づくり、国の在り方をつくっていけばいいのだ。

今、新しい社会をつくっていく共通の理念をどこに向けるべきか、そのセオリーを誰も指し示すことができていない。世界の誰もが模索中だ。だからこそ、いろいろなアイデアをどんどん提案していかなければならない時代だと思う。

進むべき方向がはっきりしないうちは、子どもたちにこんな人間になってほしいという本音の希望と願いが教師から湧いてくることはない。そういう時代の教育には迫力がないし、学ぶ理由が分からない子どもたちは学びから逃避していく。問われているのは、二一世紀型社会の足下を照らす希望を紡ぐことができるかどうかなのだ。

第5章 一人ひとりに物語のある学びを

伸ばすのはＩＱだけでなくＥＱも

小一プロブレムで子どもたちが今の学校にＮＯを突きつけている理由のひとつに、授業の内容や方法が旧態依然としていて、今の子どもたちが心の深いところで求めているものに対応できていないこと、そこから生まれる違和感が幼い形となって現れていることをこれまで述べてきた。

本章では、従来型の評価では測れない子どもたちの「伸ばすべき力」と前章で述べた「小さな社会」を組み合わせて、考えうる学校と学びの形を模索したい。

学校といえば日本の場合、「読み書き・計算」が基本目標で、その学習のためにイスに座って一斉に授業を受ける、これが基本のモデルになっている。そして子どもたちは授業態度に始まり、読み書き・計算・知識・技能などがどれだけ身についているかで評価されてきた。しかし、これは二〇世紀型の学校の基準で、二一世紀はもっと違ったものになるべきだという動きは各国で始まっている。

そもそも人間の知能とはなんだろうか。

ハーバード大学の心理学者ハワード・ガードナーは、「多重知能理論＝ＭＩ論（Multiple Intelligences）」を一九七〇年代から八〇年代にかけて提唱している。彼は、人間の知能とはその人が属している社会に適応していくプロセスで獲得する情報処理のための潜在的な能力だとし、知能テストで測られるような論理数学的な知能はそのひとつに過ぎず、人間はみんなもっと多様な知能を持っているという。

知能テストで飛び抜けた点を取っていなくても、優れた専門性を発揮している人はたくさんいる。そういう人は知能テストで測られる知識以外の知能が優れていると考えるべきで、人間の知能には相互に独立性のある八つの種類があるというのだ。

ガードナーが提唱した知能はこのようなものだ。

・言語的知能　話し言葉・書き言葉への感受性、言語の学習、運用などを司る知能（長けているのは作家や演説家、弁護士）
・論理数学的知能　問題を論理的、科学的に分析したり、数学的な操作を行う知能（数学者、科学者）
・音楽的な知能　リズムや音程・和音・音色の識別、音楽演奏や作曲、鑑賞のスキルなどを司っている知能（作曲家や演奏家）
・身体運動的知能　身体全体や身体の各部位を課題の解決や創造的表現のために使う知能（ダンサーや俳優、スポーツ選手、工芸家）
・空間的知能　空間のパターンを認識して操作する知能（パイロットや画家、彫刻家、建築家、棋士）
・対人的知能　他人の意図や動機・欲求を理解して、他人との関係をうまく築く知能（外交販売員や教師、政治的指導者）
・内省的知能　自分自身を理解して、自己の作業モデルを用いて自分の生活を統制する知能（精神分析家、宗教的指導者）

・博物的知能　自然や人工物の種類などを識別する知能（生物学者や環境・生物保護活動家）

ガードナーは、こうした知能はそれぞれ独立して機能しており、人間が何かを達成しようと行動するときは、このうちのいくつかの知能を組み合わせて活動していると考えた。

こうした問題提起を受けて、科学ジャーナリストで心理学者でもあるダニエル・ゴールマンが『EQ　こころの知能指数』（講談社プラスα文庫）という本を書いている。ゴールマンは社会に出て実際に成功している人は「IQ」（知能指数）が高いとは限らず、むしろ自他の情動をコントロールする力に長けた人が多いことを主張した。そして、この本の書評で評者が使った「EQ」（情動指数、EI＝Emotional Intelligence とも）という用語がその後一挙に広がった。

EQのEはエモーション、すなわち情動のことで、「恐い」や「嬉しい」などもっとも基本的な感情のことを指す。その情動を、意志である程度コントロールする力のことをＥＱと言う。

ゴールマンのいう情動コントロールとは、「自己の自覚」「自己の制御」「社会的自覚」「他者との関係の制御」を含んでいて、その能力の優れた者が社会的な成功に近いと説明した。

その後、情動の研究が進み、人間はさまざまな社会的な場面で情動を豊かに働かせていること、また、その情動自体をコントロールする知性を有効に働かせることの重要性が理解されるようになった。つまり、これまで学校が長らく力を入れてきた、計算力や知識の正確な記憶を重視する学力観が、きわめて狭い知性観によるものではないかという問いが投げかけられたのだ。

ゴールマン自身はその後リーダー論やビジネスの分野でＥＱを伸ばすことを訴える本を多く書き、その方面での影響を広めたが、教育の世界ではまだ十分に位置づけられていないようだ。しかし大切な論点であることは間違いなく、学校は今後、ＥＱと学力というテーマで議論を進めるべきであろう。

「遊び」が混沌から秩序をつくる

　ここで、これからの学校での学びのあり方を考えるために、少し意外と思われるかもしれないが、人が「遊び」の中で何を学ぶのかを改めて考えてみたい。幼い子どもたちは砂場で山を作ったり、積木やブロックを積み上げたりして遊ぶ。砂場の砂はそのままではまったく「無秩序」なもので、それを山にすることはひとつの「秩序」ある姿をつくることになる。同じように、ブロックも積木も、ばらばらのものを組み立ててひとつの形あるものに仕立てる行為であり、無秩序から秩序を作る作業だ。

　ままごとでは「○○ちゃんはお母さん役ね」「○○ちゃんはケーキ屋さん」と役柄ごとに振り分けて、ひとつのストーリーをつくっていく。これも不特定多数の人物をひとつの物語に沿って秩序立てる遊びだ。

　つまり、遊びの本質のひとつは、無秩序の中から少しずつ秩序をつくり上げていくということで、「カオス（混沌）」から「コスモス（秩序）」を紡ぎ出すところに本質があると私は考えている。

じつは、学問の本質もそこにある。

たとえば、世の中（社会）はそのままではさして秩序のない物事や人々の集合に過ぎない。そこにさまざまな分析的枠組みを用意して、それを切ったり貼ったり重ねたりして整理していく。経済の状況を把握しようとするときに種々の経済指標を用いて整理したり、失業率から分類・分析したりという具合に、いろいろな枠組みを考案し、それを用いて分析することで世界が少しずつ見えるようになる。

学問とは、混沌としたカオスの世界に手を加えて、そこに可視の論理を持ち込み、コスモスを導き出すことを本質としているのだ。

つまり子どもたちの遊びも、学問と言われる高尚な精神の営みも、同じようにカオスからコスモスをつくり上げる作業というところで共通するものなのである。

砂と水でつくられた、そしてていねいに磨き込まれた泥団子は、土というカオスから団子というコスモスをつくり上げた結果。ままごと遊びで登場人物を配置し、会話をやりとりするのもコスモスをつくり上げる行為。つまり、いろいろな遊びを考え出し工夫していく力は、学問を上手に、また面白くすする力に転化できる可能性がある。上手に遊べる人は、学校の勉強もできる人になる可能性が高いということだ。

混沌からひとつの秩序を見出すという意味では、感情世界も同じだ。なんだか気分が冴えないと「気分がちょっと悪い」、気に入らないことに出くわして気分を害すると、すぐに「ムカッとする」などと人は言う。感情はもともと形などない種々の精神的エネルギーだ。だから感情を言葉にするのは、形のない、訳の分からないものをひとつの形にして、外にそれを出す水路をつくってやっていることになる。

その感情の激しい動きをコントロールし、上手に水路と出口を与えようとして生み出されるのが芸術なのだろう。感情というカオスの世界を、表現というコスモスの世界に導く。ときに、見る人を感動させる絵画になったり、聴く人の心を震わせる音楽になったりする。

遊びも学問も芸術も、じつはみな同じ。要するに、メディアが違うだけなのだ。

計算や暗記より大切なもの

計算の仕方や機械的な記憶は訓練しなくとも、それらはコンピュータや辞書的なものにある程度任せれば、生活は十分にやっていける。第3章で述べたように、学校でコンピュータ・リテラシーを扱うことは重要だが、そこから先、コンピュータに任せることと人間がやるべきことの分類はもっと明確化しなくてはならない。

人間にできて、コンピュータにできないのは、言うまでもなく感情・情動の部分だ。「穏やかである」「疲れた」「興奮する」、あるいは対象に対して「美しい」とか「恐ろしい」と感じる感性は、これは人間（一部は他の動物）にしか持つことのできないものだ。

どういうものを美しいと思うか、何をおいしいと思うか、どういう場に霊性を感じるか、どういう状況を落ち着かないと感じるかなどはコンピュータには判断できない。こうした判断は世界が人工化されていけばいくほど、私たちには大切になっていく。これまでの流れでいえば、「感情」という「カオス」から「表現」という「コスモス」をうまく導き出す能力を育むこととおもいえる。

私たちは自然の一部として生きてきて、おそらくこれからも自然なしには生きていけない。自然の持つ秩序に感動したり、さまざまな相貌《そうぼう》に美を感じたり、逆に美の欠損を感じたり、そんな感性の素養は私たちのDNAに組み込まれている。だが、今の日本の子どもたちは、そのDNAの中の遺伝子にスイッチを入れるような生活から疎外され始めている。

大人たちはもっと意識的に、子どもたちに豊かな自然を体験させ、さらに感じたことを言葉や絵、造詣、音楽、身体パフォーマンスなど、さまざまなメディアで形にすることを励ましていく必要がある。

「覚えなさい」「こう表現しなさい」といった一方的な指示によるものではなく、「何か素敵なもの、感動するものを見つけてこよう。それを自分の思う方法で表現してみよう」という教育に変えていく。すると「学ぶことって、遊ぶことと同じ。面白いよね」と子どもたちの意識も変わっていくはずだ。

私たちがこれからつくろうとする新しい学校では、小さいときからたっぷりと遊んできた子どもが力を発揮することになる。多くのカオスからコスモスを紡ぎ出してきた経験がものを言う。

感性の豊かさとそれを個性的に表現する力を育むことが大切な課題となると私は考える。

ドイツのワークショップを手掛かりに

ドイツの大学教授ハルトムート・ヴェーデキント博士が始めた「学びの工房」という新しい教育理論が話題を集めている。これはミュンヘンの廃校になった小学校を使った新しい学校づくりの実験で、先生が生徒を教えるという従来の形式をやめ、みんなでわいわい議論したり、調べたり、作ったりしながら学ぶスタイルをとっている。いわば、職人に弟子入りしながら学んだかつての教育モデルを復活させたものだ。

校内にワークショップ（作業場）をたくさんつくり、そこで理科や歴史、文学、美術などを学んでいく。といっても教室には従来の机やイスはない。代わりに資料棚や文献棚、実験机、道具などが並ぶ、集団作業場といった雰囲気だ。教室の外も学びの場で、畑を耕して野菜をつくったり、二〇〇頭におよぶ豚や鶏といった家畜を飼育したりと、あくまでも作業を重視した学びを進めている。分からないことはみんなで調べ、つくりつつ失敗しつつ学んでいく。

私たちは近代化によって、長く実作業というものから離れてしまった。経験の一部だけを脱文脈化し、取り出した知識やスキルを机上で学ぶということが一般化した。ヴェーデキント博士の試みは、学びをもう一度実際の日常の世界に戻し、体験に組み込みつつ（文脈化しつつ）実現しようという試みだ。学校をもう一度「生活の場」としてつくり直し、とりわけ生産的な生活の中で学び育つものを重視しようという狙いがある。

学びはすべて、生活の延長だ。たとえば、鶏を生んだ卵を売ることからは経済学を、鶏を育てることから生物学や医学、栄養学を学ぶといった具合。学校を手伝いたいという地域の人たちもたくさん学校に出入りして、ワークショップを支えている。

日本のオルタナティブスクール

日本でも、従来とは異なる学びの場が活動中だ。

神奈川県相模原市や京都の京田辺市、東京の立川市などにあるシュタイナー教育の場では、多様な表現の教育を試みている。たとえば京田辺市のシュタイナー学校では、その教育の特色として第一に「芸術としての教育」をあげ、「詩で始まる授業、絵から導かれる文字、リズム体験による算数」など、「すべての教科を通して、子どもたちが生き生きと世界とかかわることができる芸術的な授業を」を目指している。教育を通して多様な感性を鍛え、導き出すことがねらいとなっている。

また、子どもたちが議論し、物事を決めていくデモクラティックエデュケーションを基本理念とする「サドベリースクール」が、東京や湘南、西宮、沖縄などあちこちで誕生している。サドベリーの特徴はカリキュラムがなく、何をし、何を学ぶかを子どもたちが自分で考えて選ぶことだ。基本的には指示されることがなくテストもないので、自分の好奇心を極力大切にして暮らすことが課せられる。異年齢で活動し、学校運営も生徒たちのミーティングで行っていく。卒業も自分で決めるので、強い自我と「自分」育ちが期待されている。

これ以外にも、アメリカで生まれた親が子どもに教えるホームスクール、それに不登校の子どもたちのための学習や活動を支援するフリースクールなど、オルタナティブ（代替）スクールが多数登場し、通う子どもたちも相当の数に上っている。

これらはもともとは不登校だったり、いじめを経験して学校に行けなくなった子の親たちの求めに応じて広がっていったものだが、近年は既存の学校に対して不信感を抱き、個性を育てたいとあえて新しいスタイルの学校に子どもを入れたがる親も増えている。転勤などで海外に住んだときにそうした学校の存在を知って、帰国後に入れるというパターンもある。

子ども一人ひとりの性格はそれこそ多様で、育ち方もいろいろ。何事も集団的秩序で縛られ、競争原理で進んできた現行の学校に対して合わない、好きになれない、と違和感を感じる子どもはいる。また、もっと芸術面や表現面の能力を伸ばしたいと望む子もいる。そういう子どもたちが「この場所なら、自分らしくいられるかも」と、学びの場を選べる環境に徐々になりつつあるのは大いに歓迎すべきことだと思う。

多様な学びの機会を保障する

ところが日本ではこうした多様な学びの場は、現在、法的に「普通教育」に当てはまらないとされている。公的な予算が下りず、どこも経営状態が厳しくて、その多くを親たちが負担しているのが現状だ。しかも、教育委員会が認めないと小学校や中学校卒業の資格も得られない。

こういった格差を是正《ぜせい》したいと、二〇一二年七月に立ち上げたのが「多様な学び保障法を実現する会」だ。早稲田大学の喜多明人教授、NPO法人フリースクール全国ネットワーク代表の奥地圭子さん、そして私の三人による共同代表で、多様な子どもたちの学びの在り方、育ち方を公的に認め、支援を求める活動を行っている。最低限の条件がそろえば、どんな学校でも扶助をし、学校卒業の資格を与えるべきだという法案の骨子をまとめている。

これだけ多様化の進む時代に、現行の学校教育法で認められた一種類の学びの場（いわゆる「学校」）しか認めないというのはどうだろう。しかも現行の標準モデルは、一九世紀の後半につくられた学校である。学校に適応できない子どもたちは苦労しながら生きざるを得ず、社会的にはどこか日陰者としての扱いを受けている。親の精神的・経済的負担もきわめて大きい。

実際にフリースクールを出て、大検をとって大学に進み、優れた仕事をしている人はたくさんいる。そういう人たちがもっと堂々と胸を張って、「僕らはオルタナティブのスクールでいい経験をして育ちました」と言えるような社会をできるだけ早くつくりたいと思っている。

世界の「自由な学校」

多様な学校を法的に認めず、旧来の標準モデルにこだわっている日本に比べると、欧米のほうが柔軟な国が多いように思う。

たとえばオランダでは、一定数の子どもが集まるということが証明できれば誰でも自分たちの教育理念に沿った私立学校をつくることができる。認可されると建物も設備も市町村が用意してくれて、国からの補助も出る。そのため公立三、私立七の割合で私立が多い。公立でも、あるクラスはシュタイナー方式、隣のクラスはダルトン・プランなど、自由な方法で教育することができる。教科書も小学校では使わないことが多い。

フランスにはセレスタン・フレネが始めたフレネ学校があって、自由研究やそれぞれの習得度に応じた学習、学級自治などをうたった教育が行われている。アメリカではチャータースクールが有名だ。「チャーター」とは契約書のことで、特別の目標達成のために親と地域住民、市民活動家、そして先生が教育委員会と契約書を交わすもの。「うちは芸術系を中心にやります」「スポーツに力を入れています」という感じで、実際にその通りにやっているかはチェックされるが、それ以上のことは干渉されず、公立の学校と同じように財政的援助を受けることができる。いわば公立の民間運営学校だ。一九九〇年代以降、増えている。

もっとも、アメリカは学びの場に関してはじつに多彩で、多国籍で多文化の国らしく、間口が広く、トライアルすることにも積極的だ。既成の学校に適応できない子どもたちの受け皿としてあるホームスクールも、議論はあるものの、アメリカではすでに全州で合法とされ、普通の学校と同じようなサポートが期待できるようになっている。

また宗教上の理由や、オルタナティブスクールが近所にない、学校が家から遠いなどの理由でホームスクーリングを行う人も多い。

学力調査上位のフィンランドは

一五歳児（義務教育修了段階）対象の学習到達度調査ＰＩＳＡ（ＯＥＣＤ主催）で上位を走り続けているのがフィンランドだ。フィンランドの小学校は試験がないということで有名だが、授業時間も日本より少ない。学力の高さの理由は、ドリル型の学習ではなく問題解決型の授業が多いことがひとつ。さらには通常の授業が終わったあとに、勉強が遅れ気味の子ども向けに補習学習をする制度を設けていることも大きい。多くは勉強が苦手な子どもが対象になることが多いが、希望すれば誰でも補習学習を受けられる。小学校には勉強が苦手な子への指導を訓練された先生が二名ずつ配置されていて、毎日放課後にていねいな教え直しをする。

日本の感覚では、子どもが補習授業に出たことを恥ずかしいと思いがちだが、フィンランドでは補習に呼ばれない子どもの親が抗議してくる場合もあるという。補習だろうがなんだろうが、「他の子よりたくさん勉強できる」と前向きだ。

ちなみにフィンランドでは、中三が終わる一五歳のときに、その上に進むかどうかを子どもが自分で判断でき、もう一回やりたいと思えば翌年も中学三年生を続けることができる仕組みだ。

そうした海外事情と比較すると、日本の学校は制度がまだまだ固く、画一性を子どもに求めるという印象を免《まぬが》れない。

あえて同じでない選択

なぜ日本では単一性、同一性を重要視するのか。

日本人には多様であることが豊かで、ときに美しいという発想が相対的に弱い。昔ほどではないが、みんなが同じ、あるいはみんなとあまり違わない範囲でという発想があいかわらず強く、これはこれでひとつのメリットかもしれないが、少なくとも時代の流れには合わなくなっている。

欧米の各国は異民族が地続きで争ってきた歴史があるし、国家そのものが複数民族を抱えているのが普通だ。ひとつにしようとすることでうまくいかなかった歴史を繰り返しながら、そういった社会を克服するために、価値観の多様さや思想・宗教の自由を認めようという考え方を育んできた。それが「寛容」という考え方で、民主主義思想の原点のひとつになった。単一性や同一性が大切なのではなく、多様な人びと、価値観が共存するのが正しいあり方だとする発想を培《つちか》ってきた。

学校も教育も多様なやり方があるほうが豊かという発想が、どうもまだ日本には弱い。実際にはアイヌ民族などを含めた多民族国家であるのに、多くの日本人は単一民族であるという教育を受けてきた。

イタリアの街にはバールというカフェがある。そこに入ると決まって、地元の人たちがワインやエスプレッソを飲みながら、政治や経済のことを含めてみんなでわいわい議論している。議論には自分の支持政党をきちんと公言しないと参加できないというが、いろいろな考え方があることを承知で各々の主張をぶつけ合い、楽しんでいるのだ。彼らは、あえてみんなと同じではないことを大切にしているように思う。

日本の大学に留学したフランス人夫婦が、子どもを通わせていた日本の保育所の運動会の練習を見にきた。そこでみんなが同じ遊戯や行進をしている様子を見て、「どうして同じことをさせようとするのか」と質問してきたという。そのフランス人は自分の子どもに、安易に人と同じことをしてはいけないと教えていて、結局運動会が終わるまで保育所を休ませたという。

プレスクールの試み

二一世紀型の学校をつくっているためには、現状の教育制度を抜本的に見直していく必要があり、かなり大がかりな手術を行わなければならない。これはそう簡単に行えるものではないが、現行の学校には毎年、小学一年生が入学し、教育を受けて成長していく。

小一プロブレムでは、遊びを中心とした幼稚園・保育所からいきなり小学校の座学環境に放り込まれることにひとつの原因があると指摘した。ここをもう少し柔らかいシステムにすることは可能だろう。

七歳からジュニアスクールが始まるイギリスでは、その前の五、六歳時に通うインファントスクールがあり、ここからが義務教育になっている。しかし「五歳になったらすぐ入学」ではなく、また「一斉に九月入学」でもなく、子どもが好きな日、行くことを決めた日から入学できる幼児学校だ。

幼稚園でもあり学校でもあるという、その中間的な環境で過ごす二年間、子どもたちは幼稚園のような遊びも楽しみつつ、少しずつ机に座って学習することをマスターしていく。七歳から正式に教室に入り、授業でディスカッションなどができるようにするための慣らし教育だ。オランダでも満四歳になったらいつでも学校に入学できる。少しずつ適応していく期間を設けている点では同じだ。

アメリカでは小学校前の一年を「キンダーガーデン」というプレスクールで過ごすことが多かった。小学校に併設する形で、園長は小学校校長が兼ねている。沖縄にはこのキンダーガーデンが残っていて、就学前の一年は小学校の隣の幼稚園に通う子が多い。ただ、このシステムは幼稚園が三年保育になり、保育所も増えている中で時代に合わなくなっている。

日本でも一〇年ほど前から、幼稚園・保育所と小学校をもっと柔軟に連携させる「幼保小連携」という試みを始めており、連携のカリキュラムをつくるなど動きは出てきた。品川区や横浜市の教育委員会では小学校入学後も続くようなジョイントカリキュラムをつくったり、入学前年の秋頃から幼稚園児が小学校に出かけて小学生と遊んだり、教室を見学するといったことを行っている。

こうした幼保小連携では、幼稚園や保育所での教育姿勢をもう少し小学校の先生も取り入れてほしいと私は願っているのだが、実際は逆に、小学校教育への準備を幼保である程度行ってほしいとなりがちだ。自治体ごとに幼保小連携の中身は多様だが、幼児教育の成果を上手に小学校に引き上げるという発想をもう少しふくらませてほしい。

信頼できる学びの継続性を

たとえば熱心な幼稚園、保育所に子どもを通わせる保護者からは、そこでの教育の考え方を小学校でもつないでほしい、できたら幼稚園や保育所が小学校をつくってほしいという声がしばしば聞かれる。半分冗談だが、半分は本心でそう思っている。

たしかに、小学校をつくるには校庭の広さや生徒ひとり当たりの校舎面積、耐震構造、防災設備の完備など、受け入れ態勢の面でクリアする課題は多いが、以前のように幻想というわけではなくなっていくだろう。

少子化の影響で、公立の小学校が廃校になるケースが相次いでいる。自治体がそうした施設を無料で貸与して、新たなタイプの学校を実験的に試みる価値はあると思う。

また、現行の六・三・三制の学校制度を見直す試みは、全国で進められている。中卒で就職する人が少なくなっている今、どうみても中学校と高校が三年間ずつというのは中途半端だ。入って一年間で慣れ、部活なども含めてなんとか形になってきたと思うとすぐに高校受験となる。

中高を一貫させた六年間の中等教育学校が登場する一方で、小学校と中学校をつなげた九年間の小中一貫校という試みも始まっている。また高・大が連携して、興味のある高校生はどんどん大学の授業に出られるようにするということも一部で始められている。いいレポートを書けば受験をしなくても大学が無条件で採ってくれるようにするのも一案だろう。継続性ということでいえば、シュタイナー学校のような一二年一貫で、担任が一二年持ち上がりというパターンもある。

ただ、幼稚園、保育所と小学校の連携がなかなかうまく進まないのと同じように、小学校と中学校の連携も実際には容易ではない。制度がつくられても外からの圧力が入りにくい組織体である学校は、外とのつながりを柔軟にやれるようになるには時間がかかるようだ。

制度によって子どもの成長が一部重なったり飛躍したりすることは、ある程度なら仕方がない。また、どこかに何かの境目が入っていて、それをひとつの「飛躍する時期」と考えることも十分有効である。だが、かつてのように制度による切断があっても、生活上で育ちの連続性が十分に保障されていた時代とは今は異なる。今日は制度による切断を少なくするように動くほうが子どもの成長はスムーズに進みやすくなるだろう。そして、幼児教育には豊かなモデルがあるということを積極的に認めることが大切なのである。

幼児教育者は子どもをどう見ているか

小学校教育が幼児教育より上だ、だから幼児教育から学ぶことなどない。これは口に出すことはないが、多くの学校関係者の本音だろう。勉強とは小学校から始まるもの。幼稚園や保育所はまだその手前の遊びが中心の活動の場であって、特に保育所などは親が仕事をしている間の預け場所と思い込んでいる人も多い。

しかし、これは大きな間違いだ。まして小学校教育のほうが上だというのは制度が作り出した幻想と言うしかない。

熱心な幼児教育者は、子どもたちを遊ばせたり活動させたりしながら、その子の姿を深く観察している。遊んでいる姿や友達との微妙なかかわり方、こだわっている物事の世界。そうしたものから子どもの心持ちや課題を懸命に推測し、育ちは十分なのか、もう少しこんなところが伸ばせるのではないかと評価し、次に備えていく。

それはまさに、その子の生きざまの評価と言ってよいものだ。生活全体が評価の対象で、その子らしい生きる物語が描けているか、起伏のある、その子らしい物語をつくることができているかという視点から評価する。

学校では子どもをじっと座らせ、「先生の言ったことを理解し覚えているか」を知るためにテストをして、その点数で評価をする。その子の人間全体としての意欲や個性の目を見出すというよりも、「宿題をきちんとしてきたか」「遅刻がなかったか」「授業中に静かにしていたか」といった目に見える態度や規律への適応性が評価の対象となりがちだ。

評価・評定という面から見ても幼児教育のほうが難度は高く、学校のほうが分かりやすい。そのことが学校教育関係者には理解しにくい。

「○○ができるようになった」と書くので終わるのか、「○○ができるようになって、その子の心に微妙な変化が見えてきた」と書くのか。できるようになったことで、その子にどういう感情が呼び起こされたのか、心の世界ではどんな変化が起きたのか。それはその子の次の、どのような内容と質の活動を呼び起こす可能性があるのか、こうしたことの理解は、教育が深いレベルで行われるためにはとても重要なことだと思う。

以前からやってきたことがその子の中で発酵しているか、生活の流れがその子なりの物語の形となってうまく意味づけられているか、熟練した幼児教育者はしっかり見ている。その子がしっかりと生き、目を輝かせてつくっている「生きる」物語を、心の世界や感情の動きなどを軸に理解し叙述していく。これはじつは、世界の幼児教育の新しい潮流にもなっている。

子どもたちの物語をつくる

保育所の先生と日々やり取りする連絡帳。あれがまさに子どもの生きる物語叙述の原型になっている。私には三人の子どもがいるが、全員保育所に通い、ひとり十数冊の連絡帳が残った。今読むと子どもの成長ぶりが生き生きとよく分かる、その子だけの物語であり、何ものにもまさる貴重な財産だ。

そうした生き生きとした育ちの物語の叙述ができるのが、保育者が持つ専門性の重要なひとつだ。子どもは一人ひとりをよく見ないと、その子の心の世界まで類推することはできない。写真を撮ったときにすごくいい表情している。「それはこの折り紙がやっと折れたあとだからね」。そういうことが保育者たちには書ける。

優れた幼児教育者が小学校で授業をやれば、小学校の教育にも心が通じ合った温かい雰囲気ができるに違いない。算数の計算ができるようになったとしても、それで評価は終わらない。できるようになったことでその子の目が輝いてきたのか、算数にもっと興味を持つようになったのか、分かったことを他の友達に教えようとしたのか、そして自分だけ分かればいいというのではなく、みんなで分からないとつまらないと思っているのか、そういったところをしっかり観察する。

このあたりは学校の評価のあり方としても参考になるはずだし、この原理で学校のカリキュラムをつくったら、先生も教えることが面白くなってくると思う。

小学校に子どもが入学するにあたり、幼稚園や保育所では小学校の先生に成長記録（指導要録と保育要録）を渡すことになっている。これは、どういう体験をし、どういう育ちをしたのかを一人ひとり記録したもので、これを読めばその子の物語を知ることができる可能性があるのだが、小学校の先生はそうした資料をあまり熱心に読まない。「変に読むと先入観でその子を見てしまう。やはり自分で確かめたい」と言う先生もいる。そもそも現在の要録の書き方や内容が形式的すぎて、その子の物語になっていないということもある。

だが毎年二月になると、学校の先生から幼稚園や保育所に連絡が入る。「難しい子は誰ですか？」。クラス編成をする際にひとつのクラスに何人も「問題児」がいたらまずいというわけだ。

資料を読む時間がないなら、双方の先生が定期的に会議を開いて、意見交換をしたらいい。「この子はこういう風に育ってきたから小学校ではここを伸ばしてください」「この子は家庭の事情で最初は荒れていたが、だんだん人への思いやりが芽生えてきた。このところを温かく見守ってほしい」。細かな情報交換をすることで、教育の継続性はもっと豊かに図れると思う。

とにかく少しばかり、何事もていねいにやっていけば、小一プロブレムを含むさまざまな問題は克服できると信じている。

教室にこもるのはやめよう

私の友人が経営している千葉県富津市にある保育所では、幼い頃から分からないことがあればみんなで調べようという保育を展開してきた。ある年、年長児たちは手裏剣《しゅりけん》が鉄でできていることを知り、昔の人はどのように鉄をつくったのかと疑問を持った。詳しくは省略するが、その後幼児たちは鉄工所に聞きに行ったり、科学博物館の学芸員の話を聞いたりしながら「たたら製法」へ関心を広げ、実際に鉄をつくるところまで話は展開していった。

この一切をレポートしたものが、ソニー教育財団が主催する「科学する心を育てる」幼児教育支援プログラムの最優秀園賞を受賞した。

知ることの手応えをなくしている今の子どもたちにとって、こうしたワークショップ型学習は非常に有効だ。座って教科書の内容を理解するだけの授業にはそれほどの魅力があるとは思えないし、就学前に塾や通信教育で勉強をし、学習の到達度に一定の差ができている中では、むしろ子どもたち自身が協力しあって学ぶ、参加・議論・探求型の授業を増やすほうが効果的であろう。

わいわい意見を言いながら各自が分担して調べ、活発に探求して「解」に近づいていく。そんな教育=授業をもっと模索すべきだろう。

授業の進め方も、午前中はみんな共通のカリキュラム、午後は自分の好きな科目を自由に選べて勉強できるようにする形がこれからは大事になるのではないか。算数が好きな子には、やりたいなら中学、高校の数学までさせてもよい。お芝居をやりたい子には演劇、囲碁をしたい子なら碁、ロッククライミングや体操をやりたい子にはそうした科目があればよい。

午前共通、午後選択というカリキュラム案は、じつは一九七〇年代に当時の日教組の中につくられた教育課程検討委員会が打ち出したものだ。そのときは時期尚早だったのか十分に議論されなかったが、今は機が熟していると思う。好きなことを見つけ、そこをていねいに伸ばす。みんなで同じことを一斉にするというシステムの一部を取り払う。

欧米では、少なくとも小学校では一斉スタイルはあまり見られない。韓国や台湾なども一斉授業が多いが、これは日本がかつて植民地支配のときにそうした授業形態を持ち込んだことが今でも影響している。

こうした探求型の教育を可能にするためには、条件が二つある。ひとつは先ほど述べた多様な学校を公的教育（普通教育）として認めること。もうひとつは中学入試や高校入試の内容や方式を抜本的に改め、午後の選択型学習が受験準備の時間にならないような保障をつくっておくことだ。中・高が共同で進めないと実効性は低いだろう。

先生も教科ごとの「専科」に

先生には授業を面白く、子どもたちの好奇心を刺激するものにしてもらわねばならないが、今の先生たちにはちょっと荷が重いかもしれない。

何しろ小学校の先生は、すべての教科を教えなければならない。すべての教科を面白く教えるとなると、相当な知識と技量が必要になる。

小学校の高学年に算数を面白く教えるには、数学をかなり勉強しないとできない。「文学が好きで学生時代は小説ばかり読んでいました。ただ、数学はちょっと苦手で……」という先生に算数を生き生きと、理科を興味深く、そして社会をわくわくするように教えなさいといっても無理な話だ。これまでそのことが十分議論されたことはなかった。

これまで繰り返し述べてきたように、今の小学校の先生は、教える「中身」のプロ性は期待されておらず、「教え方」のプロになれと要求されている。これでは子どもたちの興味を惹くような授業はなかなか難しい。

だったら中学校のように、教科ごとに専門の先生を設けてみるというのはどうだろう。中学だと、数学を教えるのは大学の数学科を出た人間か、理科系で数学の勉強をやってきた人間が多い。教えるとはどういうことか、子どもをどういう風に扱えばいいのかといった教育については改めて勉強しなければならないが、教える中身の専門知識は持っている。

小学校も、そうした専門性のある先生をそろえ、実験道具が用意された理科室や地図が置いてある社会室で授業をするのはどうだろう。授業が終わったら生徒はホームルームに戻ってきて、そこでは担任の先生が生活指導をする。そんな形態にすれば各々の先生の負担が軽くなって、自分の得意分野に専念できるし、結果的には授業が面白くなる可能性が高くなる。

一定数の生徒がいるときは各クラス担当の他に英語や理科、体育といった専科の先生を置く学校もあるが、子どもの数が減っているので、そうした専科の先生は減らされる傾向にある。

「なんのための勉強？」から支える

「なんでこんなこと勉強しなくちゃいけないの？」

学校で教えるあらゆる教科は、なぜそれについて学ばなくてはいけないのか、学ぶことから何が得られるのかを、もっと子どもたちにしっかりと伝えていかなければならない。

人間は、その行為がなんのためのものかが分かって納得できれば、それなりにやる気を出すものだ。学ぶことに興味を感じられ、自分にとって役に立つという認識があると、さらにやる気が起きる。この二つがあれば、あとは教え方の問題だ。

大人社会、会社社会でもそうだが、ただ仕事を振り分けられるだけ、しっかりした説明もなければ、やることの意味もよく分からない状態でやらされることは、ときに大きな苦痛を伴う。

なんのために分数の割り算の練習をするのか、なんのために漢字を繰り返し書かされるのか、授業に取り組む前に説明がされることはほとんどない。戦後、教育の民主化の一環として、コース・オブ・スタディ（「学習指導要領」に基づくカリキュラムづくり）が定式化されたが、この「学習指導要領」にもなんのために学ぶのかについてはほとんど書かれていない。

漢字の学年配当とか、目標、取り扱う内容や教えるべき内容は書かれているのに、考えてみれば不思議なことだが、そのため教師もそうした説明をパスして授業を進めることになる。

学びの必要を感じさせづらい別の要因に、現在のカリキュラムの体系がばらばらだという問題もある。漢字にしても計算にしても個別にやっている限り、そこで子どもたちはそれらの「つながり」を感じられることがない。

私は中学生の頃、どうして数学の勉強をするのかと教師に尋ねたことがある。教師からは「数学の勉強の目標は、数学を勉強してみないと分からんなあ」と誤魔化《ごまか》された。その時期は世の中がまだ貧しく、私たちががんばって豊かな国にしなくてはというような暗黙の了解のようなものがあったから、こうした「説明」でも納得したのかもしれない。しかし現代の子どもはそうはいかない。

私はよく冗談半分で、三角関数を詳しく覚える時間があったら、三角関係の対処の仕方を練習したほうが社会に出たとき役に立つなどと言ってきた。数学の基礎はしっかりと学ぶほうがよい。しかし、それは数学的なものの見方、考え方を学ぶためだ。三角関数（サイン、コサインなど）は普通の人は学校を出ると、日常的にはまず使うことはない。だからその意味や三角関数を使うとどれほど世界がよく見えてくるかをていねいに教え、あとは社会に出たときに必要な表現力やコミュニケーション力を楽しく鍛えるような教育に変えたほうがよいと言ってきた。好きではない人に言い寄られたときにどうやって断るか、相手を批判するときにどのようにしたらいいか、などということをまじめに議論し合ったほうがいい。相手を傷つけずに、自分にも嘘をつかない最良の方法は何か。断り方次第では相手をストーカーにしてしまうかもしれないのだから。

生活科や総合学習が導入されたのは一九九〇年代以降で、この教育改革は時代が変わってきたことへの優れた直感だった。ところが、旧来型の右肩上がり志向の人たちが中心になって「計算力や記憶力が以前より落ちた」「日本の学力が低下した」と厳しい批判を展開したのは先に示した通りである。

以前と比較して、一点上がった、下がったという議論をすること自体意味がないと思うのだが、世の中はそうはならなかった。結局、二〇一一年から指導要領の改訂が行われ、流れは「脱ゆとり」に逆戻りすることになってしまった。

「そうか、この勉強はこういうシーンで必要なんだな」「あのときの問題もこれなら収まるな」など、子どもたちがなるほどと実感してから参加するのと、そうでないのとでは学びのスタートから大きく異なる。

今必要なことは、教師も親も自分の頭で、今の子たちに何をなんのために学ばせたいかを考えることだと思う。

生活科の充実は「食」と「料理」から

今、学校で教えるべきことで大事なものは何かと問われたら、私は家庭科と表現にかかわる教科をあげたい。特に家庭科の中でも、ごく日常的な「食」についてていねいに教えるべきだと思う。

　食は何より生活の基本だ。食べることにかかわって農と自然を知り、栄養や添加物を介して生命というものを、あるいは人間がそのためにどのように工夫を重ね、ときに苦労を乗り越えてきたのか、文化史を辿ることができる。どうして動物を狩猟し、魚や貝を採り、米を育てるようになったのか。食べ物のないときはどうしていたのか。これだけで古代から現代の歴史を生き生きと振り返ることができる。

　そもそも「食べる」とは、異物を身体に取り入れることだ。人間の身体は異物が入ってくるとそれを排除しようとするので、食べることは身体に負荷をかけることでもある。だから、身体に負担がかからないように煮たり茹でたり焼いたりして食べやすくし、またおいしさという点では旨《うま》み成分が多く出るよう工夫した。料理はいわば、人間の生命活動の根幹にかかわる最高の文化とも言える。

　生活力をもっと磨くためにも、包丁で素材を切ったり味つけをしたりといった実践的な意味でも、食や料理のカリキュラムは有効だ。そのままでは味気ない野菜や、魚や肉がおいしいものに早変わりする。「どうして？」と料理を科学していくと、栄養の問題に直面する。偏《かたよ》った栄養をとっているとこんな病気になってしまう、と医学にもリンクする。

小学校の教科のど真ん中に家庭科をもってくるだけで、農業、生物、歴史から、栄養学、保健的知識、そして医学へとつながっていくので、人が生きていくために最低限必要な基礎情報が身につけられる。こうした情報を覚えていくためには計算ができなければだめだし、ベースとしての読み書きもやらなければならない。こうなって初めて、なんのために勉強をするのかが一本につながってくる。

文化とはカルチャー（culture）の訳語だが、カルチャーとはもともと「土を耕す」という意味だ。手間ひまをかけてよい土をつくり、より価値の高い作物を得る。これが文化で、だからこそそうしてつくったものは「私の作品」になる。その意味で、料理は最高のカルチャー＝文化だ。

手間ひまをかけていいものをつくることの面白さや喜びは、何ものにも代えがたい。子どもたちの喜ぶ顔、歓声が聞こえてくる。「今日のごはんは私が作るよ！」と、学校の学びが家庭にも持ち込まれる。生活力とはこういうことだ。生活の感覚に近いところで教育が行われたら、子どもたちはもっと真剣になるに違いない。

学校を魅力的な場にするためには、本物を持っている人たち、いわゆる教える中身のプロに学校に来てもらうことも必要だろう。蕎麦《そば》のことはお蕎麦屋さんの職人に来てもらって教わる。畑仕事に慣れた人は野菜づくりを教えにくるし、絵がうまい人と一緒に作品を制作してもいい。

いろいろな人が学校に出入りして、プロの技を教える。そうなれば、たとえ教室で一時間座ったままで話を聞くことがあっても、勝手に立ち歩く子どもはきっといなくなる。

終わりに

小学一年生の子を持つお母さんから聞いた話だ。

同じクラスにいつも落ち着きがなく、隣の席の子どもにちょっかいを出したり、場合によっては教室の外に出てしまう子がいる。他のお母さんからは「ちょっとあの子はね」「そのうち授業がまともにできなくなったら困るわ」と問題児の噂が立てられていたが、たまたま授業参観でその子のすぐそばに座って見ていたら、聞いていた話とちょっと様子が違って驚いたという。

その子はあらかじめ家で勉強を済ませているのだろう、算数にしてもひらがなにしてもプリントが配られるとすぐに終えてしまう。覗き込むと、答えは完璧だし、やや荒いがしっかりした文字を書いている。ただ、先生ののんびりした解説の時間には耐えられず、すぐに飽きて姿勢が悪くなる。手持ち無沙汰に持っているエンピツを何度も床に落とし、先生に叱られる。前の席の子にちょっかいを出して叱られる。すでに、叱られ慣れている感じもする。

小学二年生の子を持つお母さんからはこういう話も聞いた。

「宿題の作文、本人なりに一生懸命やったのに、先生から返ってきた原稿用紙には一言の感想もなく、『まだ習っていない漢字は使わないこと』とあった。その後、作文の課題が出るたびに、漢字を習ったか習っていないかばかりを気にするようになった」

＊

本書は、授業中に教室のイスに座っていることができない子、親の前では「いい子」なのに友達に対してどこか言動が荒くなってしまう子、親と一緒でないと教室に入れない子など、「小一プロブレム」といわれる小学校低学年の子どもたちの現状を、単なる「問題行動」と見ずに、歴史の中でのある訴えとしてとらえようという主旨で書いたものだ。

「問題行動」とか「小一プロブレム」という言葉をこの本でも使ったが、私はそれを子どもたちの育ちの「問題」として考えようとはしていない。むしろ、子どもたちが現代の学校に、あるいは現代の学校における学びのスタイルになじめなくなっているサインが「小一プロブレム」で、そうしたサイン行動の意味を深く掘り下げてみようとしたのが本書である。

「なんのために学ぶのか分からない」「なんだか授業がつまらない」「親の過剰な期待に振り回されている」など、子どもたちの感覚や行動にはそれなりの背景と理由があり、それが「反発」や「違和感」「無気力」などといった、未熟な形をとって現れている。本当に「問題」なのは、それらを生み出したわれわれ大人社会のほうだということを述べたつもりだ。

＊

現代の学校の形は近代社会、特に産業革命以降の大量生産社会、高速化・効率化・快適化社会に見合ったもので、私は個人的にこのスタイルはもう変えたほうがいいと思っている。

それ以前の長い時代、子どもたちは親の仕事の手伝いや、職人に弟子入りして周辺の仕事をこなす過程で、大事な知識やスキルを身につけた。そこには過剰な教えも過度な期待もなく、子どもは子どもなりに納得して学びの道を歩んだ。

今、その大量生産、高速化、効率化、快適化などという社会哲学は、地球の生命力を滅ぼす可能性が出てきていて、再び、人間の身の丈に合ったスローでスモールな社会を創造することが課題になっている。単純に昔に戻すということではない。必要な文明は利用しながら現代と未来に見合った形を見つけようと、今世界中で模索が始まっている。

*

教育は、未来の社会の自覚的な担い手を育てるという営みで、だからこそ時代を先取りした内容・方法を追求しなくてはならない。長く過去を生きてきたわれわれ大人はそうした内容・方法に鈍感だが、これからを長く生きる子どもたちは、先取りの内容についての直感を持っている。コンピュータが人間の情報処理のかなりの部分を肩代わりする時代だからこそ、子どもたちは体を存分に動かし、小さくとも発明や発見の面白さに満たされ、彼らなりの感性と表現が評価される中で学びたいと感じている。

「小一プロブレム」は、そうした願いを未熟な形で訴えている子どもたちの声なのである。

学校という枠にあまり強くとらわれると、子どものさまざまな可能性が限定されてしまう。潜在的にのびたいと思う部分を、学校が型にはめてしまう。新しい学校のあり方については第5章で述べたが、さしあたり種々の学びの試みを追求しているフリースクールなど、オルタナティブな学校に注目してほしい。こうした学校こそ、未熟かもしれないが、時代を先取りした内容・方法を試みていることが多いからである。

従来の枠にこだわらず、子どものための真の学びを模索するこれらの学校に正規の法的位置を与えること、これらが切磋琢磨して、オルタナティブとしてではなくそれぞれに有力な二一世紀型学校のモデルとなる時代が早く訪れること。これが私の願いである。

二〇一三年九月

汐見稔幸

汐見稔幸

しおみ・としゆき

1947年大阪府生まれ。東京大学教育学部卒、同大学院博士課程修了。現在、白梅学園大学学長、東京大学名誉教授。専門は教育学、教育人間学、育児学。育児や保育を総合的な人間学と位置づけ、その総合化=学問化を自らの使命と考えている。『はじめて出会う 育児の百科』（共著、小学館）、『よくわかる教育原理』（編著、ミネルヴァ書房）、『小学生 学力を伸ばす 生きる力を育てる』（主婦の友社）など著書多数。

ポプラ新書

006

本当は怖い小学一年生

2013年 9 月18日 第1刷発行

2019年10月 7 日 第5刷

著者

汐見稔幸

発行者

千葉 均

編集

浅井四葉

発行所

株式会社 ポプラ社

〒102-8519 東京都千代田区麹町 4-2-6

電話 03-5877-8109（営業） 03-5877-8112（編集）

一般書事業局ホームページ www.webasta.jp

ブックデザイン

鈴木成一デザイン室

印刷・製本

図書印刷株式会社

N.D.C.370/189P/18cm ISBN978-4-591-13635-5

P8201006

生きるとは共に未来を語ること 共に希望を語ること

昭和二十二年、ポプラ社は、戦後の荒廃した東京の焼け跡を目のあたりにし、次の世代の日本を創るべき子どもたちが、ポプラ（白楊）の樹のように、まっすぐにすくすくと成長することを願って、児童図書専門出版社として創業いたしました。

創業以来、すでに六十六年の歳月が経ち、何人たりとも予測できない不透明な世界が出現してしまいました。

この未曾有の混迷と閉塞感におおいつくされた日本の現状を鑑みるにつけ、私どもは出版人としていかなる国家像、いかなる日本人像、そしてグローバル化しボーダレス化した世界的状況の裡で、いかなる人類像を創造しなければならないかという、大命題に応えるべく、強靭な志をもち、共に未来を語り共に希望を語りあえる状況を創ることこそ、私どもに課せられた最大の使命だと考えます。

ポプラ社は創業の原点にもどり、人々がすこやかにすくすくと、生きる喜びを感じられる世界を実現させることに希いと祈りをこめて、ここにポプラ新書を創刊するものです。

未来への挑戦！

平成二十五年 九月吉日　　株式会社ポプラ社